# el predicador y la oración

# el predicador y la oración

E. M. BOUNDS

Libros CLIE
Dr. Moragas y Barret, 113
TERRASSA

EL PREDICADOR Y LA ORACION



ISBN 84 - 7228 - 505 - 7
Depósito Legal: B. 17.001 - 1980

Impreso en los Talleres Gráficos de la M.C.E.
Horeb, A.C. n.° 265 - Moragas y Barret, 115
TERRASSA (Barcelona)

*Printed in Spain*

# CAPITULO I

*"Estudie la santidad universal de la vida. Su utilidad entera depende de esto, porque sus sermones, al fin y al cabo, no duran sino una hora o dos; empero su vida predica toda la semana. Si Satanás puede tan solo hacerle un ministro sórdido amador de alabanzas, de placeres, de buenas comidas, ha arruinado su ministerio. Dése Ud. mismo a la oración y consiga sus textos, sus pensamientos, y sus palabras de Dios. Lutero empleó sus tres mejores horas en oración".*

*Robert Murray McCheyne.*

Estamos constantemente en tensión si nó en un esfuerzo, para trazar nuevos métodos, nuevos planes, nuevas organizaciones, para hacer avanzar la Iglesia para el evangelio. Este modo de ser de la época tiene la tendencia a perder de vista al hombre o hacerle desaparecer del plan u organización. El plan de Dios es hacer mucho del hombre, mucho más de él que cualquier otra cosa. Los hombres son el método de Dios. La Iglesia está buscando mejores "Fué un hombre enviado de Dios, el cual se llamaba Juan". La dispensación que heraldizó y preparó el camino para Cristo, estuvo ligado a aquel hombre Juan. "Un niño nos es nacido, hijo nos es dado".

La salvación del mundo viene por aquel Hijo nacido. Cuando Pablo apela al carácter personal de los hombres que enraizaron el evangelio en el mundo, explica el misterio de su éxito. La gloria y eficiencia del evangelio están apostadas sobre los hombres que lo proclaman. Cuando Dios declara que "los ojos de Jehová contemplan la tierra, para corroborar a los que tienen corazón perfecto para con El", declara la necesidad de hombres y su dependencia de ellos, como un canal a través del cual El despliega su poder en el mundo. Esta verdad, urgente y vital, es la que esta edad de la maquinaria está pronta a olvidar. El olvido de ella es tan mortífero en la obra de Dios, como lo sería el quitar el sol de su esfera. Obscuridad, confusión y muerte serían el resultado.

Lo que la Iglesia necesita hoy día, no es más o mejor mecanismo, no nuevas organizaciones o más y modernos métodos, sino hombres a quienes el Espíritu Santo pueda usar ; hombres de oración, hombres poderosos en oración. El Espíritu Santo no fluye a través de los métodos, sino a través de los hombres. El no desciende sobre los mecanismos, sino sobre los hombres. El no unge planes sino hombres, hombres de oración.

Un eminente historiador ha dicho que los incidentes del carácter personal tienen más que hacer con las revoluciones de las naciones que lo que cualesquiera de los historiadores filosóficos, o políticos democráticos quieran admitir. Esta verdad tiene su aplicación plena en el Evangelio de Cristo ; el carácter y la conducta de los seguidores de Cristo —cristianizan el mundo, transfiguran las naciones y los individuos. Esto es eminentemente cierto con respecto a los predicadores del Evangelio.

El carácter, así como la suerte del Evangelio están confiados al predicador. El hace o deshace el mensaje de Dios al hombre. El predicador es el conducto áureo a través del cual fluye el aceite divino. El conducto debe ser, no solamente áureo, sino que debe estar bien abierto y sano para que el aceite pueda, tener una corriente plena, ininterrumpida y sin pérdida.

El hombre hace al predicador. Dios debe hacer al hombre. El mensajero, es, si es posible, más que el mensaje. El predicador es más que el sermón. El predicador hace al sermón. Así como la leche del seno materno que da vida, no es sino la vida de la madre, así todo lo que el predicador dice está teñido e impregnado por lo que el predicador es. El tesoro está en vasos de barro y el gusto del barro puede impregnarlo y descolorarlo. El hombre, el hombre entero, está detrás del sermón. La predicación no es la obra de una hora. Es la manifestación de una vida. Se necesitan veinte años para hacer un sermón porque se necesitan veinte años para hacer al hombre. El verdadero sermón es una obra de la vida. El sermón crece, porque el hombre crece. El sermón es poderoso, porque el hombre es poderoso. El sermón es santo porque el hombre es santo. El sermón es lleno de la unción divina, por que el hombre es lleno de la unción divina.

Pablo lo designó "mi Evangelio", no que lo había degradado por su excentricidad personal y desviado por su apropiación egoísta, sino el evangelio que fué puesto en el corazón y el alma del hombre Pablo, como una confianza personal que debía ser ejecutada por sus características paulinas, para ser inflamado y potencializado por la fogosa energía de su alma ardiente. Los sermones de Pablo —¿qué fueron? ¿dónde están? ¡Esbozos, fragmentos dispersos, flotando en el mar de la inspiración! Empero, el hombre Pablo, más grande que sus sermones, vive para siempre, en forma completa, rasgos y estatura, con su moldeadora mano en la Iglesia. La predicación no es sino una voz. La voz en el silencio muere, el texto se olvida, el sermón huye de la memoria; mas el predicador vive.

El sermón no puede dar más vida que la que tiene el hombre que lo produce. Los hombres muertos, dan sermones muertos, y los sermones muertos matan. Todo depende del carácter espiritual del predicador. Bajo la dispensación judia el Sumo Sacerdote tenía escrito con letras enjoyadas en su frontal: "Santidad a Jehová". Así, todo predicador en el ministerio de Cristo debe ser modelado en y dirigido por esta misma divisa santa. Es vergonzoso para el ministerio cristiano caer más bajo en santidad de carácter y santidad de mira, que el sacerdocio judío. Jonathan Edwards dijo: "Yo seguí con mis ardientes deseos de conseguir más santidad y conformidad a Cristo. El cielo que deseaba era un cielo de santidad" El evangelio de Cristo no se mueve por olas populares. El no tiene poder propio para propagarse. Se mueve, de la manera que los hombres encargados de él se mueven. El predicador debe personificar el evangelio. Su divinidad, el rasgo más distintivo, debe estar incorporado en él. El poder constriñente de amor, debe ser en el predicador como una fuerza de proyección excéntrica, que todo lo domina y se olvida de sí misma. La energía de su negación de sí mismo debe ser su ser, su corazón, y su sangre, sus huesos. Debe ir como un hombre entre los hombres, vestido de humildad, viviendo en mansedumbre prudente como una serpiente, sencillo como una paloma; las obligaciones de un siervo con el espíritu de un rey, un rey con porte noble, real e independiente, con la simplicidad y dulzura de un niño. El predicador debe abandonarse a sí mismo, con todo el abandono de una perfecta falta de fé en sí mismo, y un perfecto celo que lo consume en su obra por la salvación de los hombres. Sinceros, heróicos, compasivos, sin temor al martirio, deben ser los hombres que se toman el trabajo de apoderarse y modelar una generación para Dios. Si ellos son tímidos contemporizadores, buscadores de honores; si tratan de agradar al hombre o temen al hombre; si su fé tiene un débil apoyo en Dios o su Palabra; si su abnegación se quebranta por cualquier fase de sí mismos o del mundo, ellos no pueden apoderarse de la Iglesia ni del mundo para Dios.

La predicación más potente y severa del predicador debe ser hacia sí mismo. Su más difícil delicada, laboriosa y cabal obra, debe ser consigo mismo. La instrucción de los doce fué la grande, difícil y paciente labor de Cristo. Los predicadores no son hacedores de sermones, sino hacedores de hombres, y hacedores de santos, y solamente está bien ejercitado para este trabajo quien se ha hecho a sí mismo un hombre y un santo. No son los grandes talentos, ni gran erudición, ni grandes predicadores los que Dios necesita, sino hombres grandes en santidad, grandes en fé, grandes en amor, grandes en fidelidad, grandes para Dios —hombres que siempre predican por sermones santos en el púlpito, y por vidas santas fuera de él. Estos pueden modelar una generación para Dios.

He aquí el orden en que fueron formados los primitivos cristianos. Fueron hombres de sólido molde, predicadores del tipo celestial —heróicos, fuertes, militantes y santos. Predicando por medio de una negación de sí mismos, crucificando el yo; graves, laboriosos, mártires del trabajo. Se aplicaron a su labor de tal manera, que impresionaron a su generación y formaron en su seno una generación que todavía no había nacido para Dios. El hombre que predica, debe ser un hombre de oración. La oración es el arma más poderosa del predicador. Es una fuerza omnipotente en sí misma, que da vida y fuerza a todo.

El sermón real hecho en la cámara secreta. En hombre —el hombre de Dios— es hecho en la cámara secreta. Su vida y sus profundas convicciones fueron nacidas en su comunión secreta con Dios. La opresión y agonía llorosa de su espíritu, sus más importantes y más dulces mensajes, fueron adquiridos cuando estuvo a solas con Dios. La oración hace al hombre, la oración hace al predicador, la oración hace al pastor.

El púlpito de hoy día es débil en oración. El orgullo de erudición está en pugna con la humilde dependencia en la oración. La oración en el púlpito, muy a menudo, es solamente oficial (formulismo) —un cumplimiento en la rutina del culto. La oración no es para el púlpito moderno, la fuerza poderosa que fué en la vida o el ministerio de Pablo. Todo predicador que no hace de la oración un factor poderoso en su propia vida y ministerio, es débil como un factor en la obra de Dios y es falto de poder para proyectar la causa de Dios en este mundo.

## CAPITULO II

*"Empero, sobre todo, sobresalió en oración. La familiaridad y valor de su espíritu, la reverencia y solemnidad de su tratamiento y conducta y la brevedad y plenitud de sus palabras, a menudo, han impresionado aún a los extraños con admiración, a la vez que traian consolación a otros. La más imponente, vívida, reverente disposición de ánimo que yo he sentido o considerado, debo decir que era su oración. Y verdaderamente era un testimonio. Conoció y vivió más cerca del Señor que otros hombres, porque los que más le conocen verán más razón para acercársele con reverencia y temor".*

*William Penn de George Fox.*

Las más dulces gracias, por una ligera perversión, pueden llevar muy amargo fruto. El sol da vida, pero las insolaciones son mortales. La predicación es para dar vida, pero puede matar. El predicador tiene las llaves ; él puede cerrar tan bien como abrir. La predicación es la gran institución de Dios para la plantación y maduramiento de la vida espiritual. Cuando es correctamente ejecutada, sus beneficios son indecibles ; cuando no, ningún mal puede excederle en sus dañosos resultados. Es un asunto fácil destruir el rebaño, si el pastor es imprevisor o el pasto es destruído ; fácil capturar la ciudadela si el centinela se duerme o el alimento y el agua son envenenados. Investido con tan favorables prerrogativas, expuesto a tan grandes males, implicando tan graves y múltiples responsabilidades, sería una parodia en la astucia del diablo y un libelo en su carácter y reputatión, si él no pusiera por obra sus principales influencias para adulterar el predicador y la predicación. En presencia de todo esto, la pregunta exclamatoria de Pablo: „¿Y para todo esto quien es suficiente?": nunca está fuera de lugar.

Pablo dice: "Nuestra suficiencia es de Dios; el cual asi mismo nos hizo ministros suficientes de un nuevo pacto; no de la letra, mas del Espíritu; porque la letra mata, mas el espíritu vivifica". El verdadero ministerio es influenciado por Dios, capacitado por Dios, hecho por Dios. El espíritu de Dios es en el predicador un poder de unción, el fruto del Espíritu está en su corazón, el Espíritu de Dios ha vitalizado el hombre y la palabra; su predicación da vida; da vida, como la primavera da vida, como la resurrección da vida; de vida ardiente, como el verano da vida ardiente; da vida fructífera, como el otoño da vida fructífera. El predicador que da vida es un hombre de Dios; cuya alma siempre está siguiendo diligentemente a Dios; cuyo ojo es solo para Dios; y en quien, por el poder del Espíritu de Dios, la carne y el mundo han sido crucificados, y su ministerio es semejante al generoso flujo de un río que da vida.

La predicación que mata es una predicación no espiritual. La habilidad de tal predicación no es de Dios. Fuentes inferiores que no son de Dios le han dado energía y estímulo. El Espíritu no es evidente en el predicador ni en su predicación. Muchas clases de fuerzas pueden ser proyectadas y estimuladas por la predicación que mata, pero éstas, no son fuerzas espirituales. Pueden parecer fuerzas espirituales, pero son solamente la sombra, fuerzas fingidas; puede parecer que tienen vida, pero la vida está magnetizada. La predicación, que mata es de la letra; puede ser bella y metódica,, pero aún es la letra, la árida, dura letra; cáscara desnuda, vacía. La letra puede tener el germen de la vida en ella,, pero no tiene aliento suficiente para evocarla; es simiento de invierno, tan duro como el terreno de invierno; tan helada, como el aire de invierno; no hay deshielo ni germinación para ella. Esta predicación de la letra tiene la verdad. Pero aunque verdad divina, no tiene por sí sola la energía que da vida; debe ser vigorizada por el Espíritu, con todas las fuerzas de Dios a su retaguardia. La verdad no vivificada por el Espíritu de Dios, amortece tanto o más que el error. Puede ser la verdad sin mezcla; pero sin el Espíritu, su sombra e influencia son mortales; su verdad, error; su luz, tinieblas. La predicación de la letra es sin unción, no sazonada ni oleada por el Espíritu. Pueden haber lágrimas, pero las lágrimas no pueden hacer andar la maquinaria de Dios; las lágrimas pueden no ser sino viento de verano sobre una montaña de nieve; nada hay sino una superficie con nieve derretida. Sensación y ardor pueden haber, pero es la emoción del actor y el ardor del procurador. El predicador puede sentir desde el entusiasmo de su propio ardor pasapero, puede ser elocuente sobre su propia exégesis, ardiente en dar el producto de su cerebro; el profesor puede usurpar el lugar e imitar el fuego del apóstol; cerebro y nervios pueden servir en lugar de fingir, y la obra del Espíritu de Dios, y por estas fuerzas, la letra puede arder y brillar como un texto iluminado, pero el brillo y centelleo serán tan estériles de vida como un campo sembrado de perlas. El elemento del proceso de muerte está detrás de las palabras, detrás del sermón, detras de la ocasión, detrás del ademán, detras de la acción. El gran obstáculo está en el predicador mismo. El no tiene en sí mismo las fuerzas poderosas que crean vida Puede no haber falta en su ortodoxía, honradez, limpieza o ardor; pero de algún modo, el hombre, el hombre interior, en lo íntimo, nunca se ha humillado y rendido a Dios; su vida interior no es un gran camino real para la trasmisión del mensaje de Dios, del poder de Dios. De alguna manera, el yo y no Dios, gobierna en el lugar santísimo. En alguna parte, del todo inconsciente en sí mismo, algún non conductor espiritual ha atacado su ser interior y la corriente divina ha sido detenida. Su ser interior nunca ha sentido su completa bancarrota espiritual, su total impotencia; nunca ha aprendido a clamar con clamor inefable de desesperación de sí mismo y propio desamparo, hasta que el poder de Dios y el fuego de Dios desciendan sobre él y llene, y purifique y dé poder. La propia estima, propia habilidad, en alguna forma perniciosa, ha difamado y violado el templo que debería haber sido mantenido sagrado para Dios. La predicación que da vida cuesta mucho al predicador —la muerte del yo, crucifixión al mundo, el alumbramiento de su propia alma. Solamente la predicación crucificada puede dar vida. La predicación crucificada solamente puede venir de un hombre crucificado.

## CAPITULO III

*"Durante esta aflicción, fuí conducido a examinar mi vida en relación con la eternidad, con más atención que lo que lo había hecho cuando estaba en el goce de la salud. En este examen, en lo relativo al descargo de mis deberes hacia mis semejantes como un hombre, un ministro cristiano, y un oficial de la iglesia, fuí aprobado por mi propia conciencia; pero en relación a mi Redentor y Salvador, el resultado fué diferente. Mis respuestas de gratitud y amor obediente, no guardaban proporción con mis obligaciones para mi redención, preservación y sostén a través de las viscisitudes de la vida, desde la infancia hasta la ancianidad. La frialdad de mi amor hacia El, quien primero me amó y ha hecho tanto por mí, me abrumó y confundió; y para completar mi indigno carácter, no solo había descuidado de mejorar la gracia dada, en la extensión de mis deberes y privilegios, sino que por desear aquel aumento, había, mientras abundaba el cuidado y trabajo inquietante, declinado del primer celo y amor. Estaba confundido, humillado a mi mismo, implorando misericordia y renovando mi pacto para esforzarme y dedicarme sin reserva al Señor.*

*Obispo McKendree.*

La predicación que mata puede ser, y a menudo es, ortodoxa —dogmáticamente, inviolablemente ortodoxa. Amamos la ortodoxía. Es buena. Es lo mejor. Es el recto y claro corte de enseñanza de la Palabra de Dios, los trofeos obtenidos por la verdad en su conflicto con el error, los diques que la fe ha levantado contra la honrada o descuidada inundación desoladora de creencias falsas o incredulidad; pero la ortodoxía, clara y dura como el cristal, suspicaz y militante, no puede ser sino la letra bien arreglada, bien nombrada, y bien aprendida, la letra que mata. Nada es tan mortal como una ortodoxía muerta, demasiado muerta para especular, demasiado muerta para pensar, para estudiar o para orar.

La predicación que mata puede tener conocimiento y alcance de principios, puede ser estudiada y crítica en gusto, puede tener cada minuciosidad de la derivación y de la gramática de la letra, puede ser capaz de disponer la letra en su perfecto diseño e iluminada como Platón y Cicerón pueden ser iluminados, puede estudiársela como un abogado estudia sus libros de texto para formar sumario o para defender su caso, sin embargo, ser semejante al hielo homicida. La predicación de la letra puede ser elocuente, esmaltada con la poesía y la retórica, rociada con oración sazonada con la sensación, iluminada por el genio, y sin embargo, a pesar de esto, no ser sino el macizo o puro y costoso equipo, las raras y hermosas flores que cubren el férretro del cadáver. La predicación que mata puede ser sin la erudición, no señalada por cualquiera hermosura de pensamiento o sensibilidad, vestida de insipidas generalidades o cosas especiales, con estilo irregular, descuidada, sin sabor de cámara secreta ni de estudio, ni adornada con pensamiento, expresión u oración. ¡ Bajo tal predicación, cuán amplia y total es la desolación ! ¡ Cuán profunda la muerte espiritual !

Esta predicación de la letra tiene que hacer con la superficie y sombra de las cosas, y no con las cosas mismas. No penetra en la parte interior. No tiene profundo conocimiento interno, ni fuerte alcance de la vida escondida en la Palabra de Dios. Es verdad en apariencia, pero, la apariencia es la cáscara, cáscara que debe ser rota y traspasada para obtener la almendra. La letra puede estar vestida como para atraer y ser elegante, pero la atracción no es hacia Dios, ni es la elegancia para el cielo. La culpa está en el predicador. Dios no le ha hecho. Nunca ha estado en las manos de Dios como el barro en las manos del alfarero. Ha estado ocupando acerca del sermón, su pensamiento y conclusión, su adorno y fuerzas inpresivas ; pero las cosas profundas de Dios nunca han sido buscadas, estudiadas, sondeadas, experimentadas por el. Nunca se ha parado delante "del trono alto y sublime", nunca ha oído la canción de los serafines, nunca ha visto la visión, ni sentido el impetu de aquella sublime santidad, y clamado en absoluto abandono y desesperación, bajo la sensación de debilidad y culpa, y tenido su vida renovada, su corazón tocado, purgado, inflamado por el carbón ardiendo del altar de Dios. Su ministerio puede atraer el pueblo hacia él, a la Iglesia, a la forma y ceremonia ; pero en verdad no atrae hacia Dios, no induce a la dulce, santa y divina comunión. La Iglesia ha sido refrescada pero no edificada ; agradada, hero no santificada. La vida es suprimida, hay un frío en el aire de verano; el estiercol es horneado. La ciudad de nuestro Dios viene a ser la ciudad de la muerte; la Iglesia, un cementerio, no un ejército en batalla. La alabanza y la oración son solocadas; la adoración está muerta. El predicador y la predicación han ayudado al pecado, no a la santidad; poblado el infierno, no el cielo.

La predicación que mata es predicación sin oración. Sin oración, el predicador crea la muerte y no la vida. El predicador que es débil en oración, es débil en dar fuerzas de vida. El predicador que ha retirado la oración como un elemento conspicuo y en extremo prevaleciente en su propio carácter, ha esquilado predicación de su poder distintivo, en de dar vida. Hay y habrá oración profesional, pero oración profesional ayuda a la predicación hacer su obra de muerte. La oración profesional enfría y mata, a la vez, a la predicación y la oración. Una gran parte de la devoción floja y actitudes perezasas e irreverentes en las reuniones de oración, son atribuíbles a la oración profesional en el púlpito. Largas, discursivas, secas, y vacías son las oraciones en muchos púlpitos. Sin unción o corazón, ellas caen como un hielo mortal sobre todas las gracias de adoración. Son oraciones que imparten muerte. Todo vestigio de devoción ha perecido bajo su aliento. Cuanto más muertas son, más largas se hacen. Una súplica por la oración corta, oración viva, oración verdadera del corazón, oración por el Espíritu Santo —directa, específica, ardiente, simple, untuosa en el púlpito— está en órden. Una escuela para enseñar a los predicadores cómo orar, como Dios considera la oración, sería más benéfica a la verdadera piedad, verdadera adoración y verdadera predicación, que todas las escuelas, teológicas.

¡Alto! !Detengase! ¡Reflexione! ¿Dónde estamos? ¿Qué estamos haciendo? ¿Predicando para matar? ¿Orando para matar? ¡Orando a Dios! ¡El gran Dios, el Hacedor de todos los mundos, el Juez de todos los hombres! ¡Qué reverencia! !Qué simplicidad! ¡Qué sinceeridad! !Qué verdad en las partes interiores es demandada! ¡Cuán verdaderos debemos ser! ¡Cuán sinceros! !Orar a Dios es el más noble ejercicio, el más alto esfuerzo del hombre, la cosa más real! ¿No debemos descartar para siempre maldita la predicación que mata y la oración que mata, y hacerla una cosa real, la cosa más poderosa —la oración llena de oración, la predicación creadora de vida, que utiliza la fuerza más poderosa contra cielo y tierra, y atraer los abiertos e inagotables tesoros de Dios para las necesidades y mendicidades del hombre?

## *CAPITULO IV*

*"Permítasenos mirar a menudo, a Brainerd en los bosques de América, vertiendo toda su alma delante de Dios por los paganos perdidos, sin cuya salvación nada podría hacerle feliz. Oración — secreta, ferviente, oración creyente, es la raíz de toda piedad personal. Un conocimiento competente del lenguaje donde un misionero vive, un temperamento suave y persuasivo, un corazón que se da a Dios en comunión secreta — éstos, éstos son los méritos que, más que todo conocimiento, o todo otro don, nos prepararán para llegar a ser los instrumentos de Dios en la gran obra de la redención humana".*

*Hermandad de Carey, Serampore.*

Hay dos tendencias extremas en el ministerio. La una es encerrarse en sí mismo fuera de toda comunicación con el pueblo. El monje, el hermitaño, fueron ilustraciones de esto; ellos se encerraron alejándose de los hombres para estar más con Dios. Ellos, naturalmente, fracasaron. Nuestra comunión con Dios, solo es de utilidad cuando podemos emplear sus inapreciables beneficios en bien de los hombres. Esta época, ni de parte del predicador ni del pueblo, es muy cuidadosa acerca de Dios. Nuestra ansiedad no es por aquello. Nos encerramos para nuestro estudio, llegamos a ser estudiantes, polilla de los libros, polilla de la Biblia, hacedores de sermones; notables en literatura, pensamientos y sermones; pero el pueblo y Dios, ¿dónde están?

Lejos del corazón, lejos de la mente. Los predicadores que son grandes pensadores, grandes estudiantes, deben ser los más grandes hombres de oración, o si no serán los más grandes apóstatas, profesionales sin corazón, racionalistas, menos que el menor de todos los predicadores en la estima de Dios.

La otra tendencia es la de popularizar enteramente el ministerio. En consecuencia no es más un hombre de Dios, sino un hombre de acción, del pueblo. No ora, por que su misión es para con el pueblo. Si él puede mover el pueblo, crear un interés, una sensación en favor de la religión, un interés en la obra de la Iglesia — está satisfecho. Su relación personal hacia Dios no es un factor en su obra. La oración tiene poco, o ningún lugar en sus planes. El desastre y la ruina de semejante ministerio no pueden computarse por la aritmética terrenal. Según lo que el predicador es en oración delante de Dios, por sí mismo, por su pueblo, así es su poder por el bien real de los hombres, así es su verdadera fructificación, su verdadera fidelidad hacia Dios, hacia el hombre, por el tiempo, por la eternidad.

Es imposible, para el predicador, guardar su espíritu en armonía con la naturaleza divina de su elevado llamamiento sin mucha oración. Aquello de que el predicador, por la fuerza del deber y fidelidad laboriosa hacia la obra y rutina del ministerio, puede conservarse en buen estado de idoneidad, es un serio error. Aún el hacer sermones incesantes y tasado como un arte, como un deber, como una obra, o como un placer, absorverán y endurecerán, indispondrán el corazón, por negligencia en la oración, con Dios. El cientista pierde a Dios en la naturaleza. El predicador puede perder a Dios en su sermón.

La oración refresca el corazón del predicador, lo guarda en armonía con Dios y en simpatía con el pueblo, levanta su ministerio fuera del frío aire de una profesión, fructifica la rutina y mueve cada rueda con la facilidad y el poder de una unción divina.

El señor Spurgeon dice: "Enteramente, el predicador es, sobre todos los demás, distinguido como un hombre de oración. El ora como un cristiano ordinario, de otro modo sería un hipócrita. El ora más que un cristiano ordinario, de otro modo sería descalificado para el oficio que ha emprendido. Si vosotros, como ministros, no sois llenos de oración debéis ser compadecidos. Si llegáis a ser flojos en la devoción sagrada, no solo vosotros necesitáis compasión sino también vuestra congragación, y el día viene, en el cual seréis avergonzados y confundidos. Todas nuestras bibliotecas y estudios son mera vacuidad comparadas con nuestras cámaras secretas de oración. Nuestro tiempo de ayuno y oración en el Tabernáculo han sido, verdaderamente, días grandes; nunca, las puertas del cielo han sido mantenidas más abiertas; nuestro corazón, nunca se ha sentido más cerca de la Gloria central".

La oración que hace un ministerio de plena oración, no es poca oración, colocada a la manera de levadura para darle un sabor agradable, sino que la oración debe ser el cuerpo, y formar la sangre y los huesos. La oración no es un deber pequeño, puesto en un rincón; no, una ejecución fragmentaria hecha de los fragmentos de tiempo que han sido arrebatados a los negocios y otros empeños de la vida ; sino que significa, que lo mejor de nuestro tiempo, el corazón de nuestro tiempo y fuerza deben ser dados. No quiere decir que la comunión secreta quede absorbida en el estudio o abismada en las actividades de los debéres ministeriales ; sino que quiere decir que la comunión secreta primero, el estudio y actividades después, ambos, estudios y actividades deben ser refrescadas y hechos eficientes por la comunión secreta. La oración que afecta el ministerio de uno, debe dar tono a la vida de uno. La oración que da color e inclinación al carácter no es un agradable y apresurado pasatiempo. Debe penetrar tan fuertemente en el corazón y vida como penetró en "las lágrimas y clamor" de Cristo ; debe desarrollar el alma en una agonía de deseo como lo hizo con Pablo ; debe ser un fuego y fuerza como la "oración ferviente y efectiva" de Santiago ; debe ser de aquella cualidad que, cuando la ponemos en el incensario de oro delante de Dios, obra poderosas ongustias y revoluciones espirituales.

La oración no es el pequeño atavío prendido sobre nosotros mientras estuvimos atados a las faldas de nuestra madre ; ni es una acción de gracias de un cuarto de minuto hecha sobre una comida de una hora, sino que es la obra más seria de nuestros más serios años. Emplea más tiempo y apetito que nuestras más grandes comilonas o más ricas fiestas. A la oración que hace mucho de nuestra predicación debe darse mucha importancia. El carácter de nuestra oración determinará el carácter de nuestra predicación. Oración ligera, hará predicación ligera. La oración hace fuerte a la predicación, le da unción, la hace adherirse. En todo ministerio importante para el bien, la oración ha sido siempre una ocupación seria.

El predicador debe ser preeminentemente un hombre de oración. Su corazón debe graduarse en la escuela de oración. En la escuela de oración, solamente, puede el corazón aprender a predicar. Ninguna erudición puede suplir la falta de oración. Ningún celo, ni diligencia, ni estudio, ni dones, suplirán su necesidad.

Hablar a los hombres acerca de Dios es una gran cosa, pero hablar a Dios acerca de los hombres es más grande aún. Nunca hablará bien y con éxito verdadero a los hombres acerca de Dios, quien no ha aprendido, bien a hablar a Dios acerca de los hombres. Más que esto, palabras sin oración en el púlpito y fuera de él, son palabras mortíferas.

## CAPITULO V

*"Ud. conoce el valor de la oración, es preciosa más allá de todo precio. Nunca, nunca la descuide".*

*Sir Thomas Buxton.*

*"La oración es la primera cosa, la segunda cosa, la tercera, cosa necesaria para un ministro. Ore entonces, mi querido hermano, ore, ore, ore".*

*Edward Payson.*

La oración, en la vida del predicador, en el estudio del predicador, en el púlpito del predicador debe ser una fuerza conspicua y todo fecundante, y un ingrediente del todo impregnante. No debe jugar un papel secundario, no ser mero barniz. A él le es dado estar con su Señor "toda la noche en oración". El predicador, para entrenarse en la negación de sí mismo en oración, se le encarga mirar a su Maestro, quien, "levantándose muy temprano, salió, y se apartó a un lugar solitario, y allí oró". El estudio del predicador es necesario sea una cámara secreta, un Bethel, un altar, una visión y una escala; que cada pensamiento pueda ascender hacia el cielo antes de ser transmitido a los hombres; que cada parte del sermón pueda ser perfumada por el aire del cielo y hecha seria, porque Dios estuvo en el estudio.

De la manera que el motor no se mueve hasta que el fuego está encendido, así la predicación, con toda su maquinaria, perfección y pulimento, está completamente paralizado en cuanto a los resultados espirituales se refieren, hasta que la oración ha prendido y creado el vapor. La textura, delicadeza y fortaleza del sermón es, a menudo, mucho escombro, a menos que el impulso poderoso de la oración esté en él, y detrás de él. El predicador debe, por la oración, poner a Dios en el sermón. El predicador debe, por la oración, mover a Dios hacia el pueblo, antes que él pueda mover el pueblo hacia Dios por medio de sus palabras. El predicador debe haber tenido audiencia y constante acceso a Dios, antes que el pueda tener acceso al pueblo. Un camino abierto hacia Dios para el predicador, es la más segura garantía de un camino abierto para el pueblo.

Es necesario repetir y reiterar, que la oración, como un mero hábito, como un cumplimiento llevado a cabo por mera rutina o de una manera profesional, es una cosa muerta y podrida. Tal oración, no tiene conexión con la oración por la que abogamos. Estamos enfatizando la verdadera oración, que empeña y coloca sobre el fuego cada elemento elevado del ser predicador; oración que es nacida de una vitál unidad con Cristo y la plenitud del Espíritu Santo, la que brota de lo profundo, superabundando en fuentes de tierna compasión, solicitud inmortal por el bien eterno del hombre; un celo consumidor por la gloria de Dios; una entera convicción de la dificultad y delicadeza de la obra del predicador y de la necesidad imperativa de la más poderosa ayuda de Dios. La oración fundada en estas solemnes y profundas convicciones, es la única oración verdadera. La predicación respaldada por semejante oración, es la única predicación que siembra la simiente de la vida eterna en los corazones humanos y edifica a los hombres para el cielo.

Es cierto que puede haber predicación popular, predicación agradable, predicación atractiva, predicación muy intelectual, literaria y fuerte de entendimiento, con su medida y forma de lo bueno, con poco o nada de oración; pero la predicación que asegura el propósito de Dios en la predicación debe ser nacida de la oración desde el texto hasta el exordio, expuesta con la energía y espíritu de oración, seguida y hecho germinar, y guardada en fuerza vital en los corazones de los oyentes por las oraciones del predicador, mucho después que la ocasión ha pasado.

Podemos excusar la pobreza espiritual de nuestra predicación de muchas maneras, pero, el secreto verdadero se encontrará en la falta de urgente oración para la presencia de Dios en el poder del Espíritu Santo. Hay innumerables predicadores que pueden exponer sus excelentes sermones según su órden; pero sus efectos son de corta vida y no entran como un factor, para nada, en las regiones del espíritu, donde la terrible guerra entre Dios y Satán, el cielo y el infierno, está empeñandose, porque no son hechos poderosamente militantes y espiritualmente victoriosos por la oración.

Los predicadores que ganan grandes resultados para Dios, son los hombres que han prevalecido en sus plegarias con Dios, antes de aventurarse en sus súplicas con los hombres. Los predicadores que son más poderosos en sus cámaras secretas con Dios, son los más poderosos en sus púlpitos con los hombres.

Los predicadores son personas humanas y están

expuestos a ser, y a menudo son, cogidos por los impulsos de las fuertes corrientes humanas. La oración es obra espiritual y la naturaleza humana no admite tan ardua obra espiritual. La naturaleza humana desea navegar hacia el cielo bajo el impulso de uno brisa favorable, en un mar pleno y calmado. La oración es una obra humillante. Abate el intelecto y el orgullo, crucifica la vanagloria, y señala nuestra bancarrota espiritual, y todo esto es, para la carne, duro de soportar. Es más fácil no orar, que soportar esta humillación. Así llegamos a uno de los clamoros males de estos tiempos, puede que de todos los tiempos — poco o nada de oración. De estos dos males, quizás, poca oración es peor que nada de oración. Poca oración es fingir, es un salvo conducto para la conciencia, una farsa y un engaño.

La poca estima que ponemos en la oración es evidente por el poco tiempo que damos a ella. El tiempo dado a la oración, por un predicador corriente, apenas se cuenta en el conjunto de las cosas del día. No muy infrecuentemente la única oración del predicador es junto a su lecho en pijama, listo para la cama y pronto en ella, con quizás, la adición, de unos pocos y apresurados arrebatos de oración, al vestirse en la mañana. ¡ Cuán débil, vana y pequeña es tal oración, en comparación con el tiempo y energía dedicados a la oración por los hombres santos en y fuera de la Biblia ¡ ! Cuán pobre y mezquina es nuestra pequeña y pueril oración al lado de los hábitos de los verdaderos hombres de Dios en todas las edades ! Para los hombres que conciben la oración como su principal ocupación y dedican tiempo a ella, de acuerdo con esta alta estima de su importancia, a los tales Dios entrega las llaves de su reino, y por medio de ellos obra sus maravillas espirituales en este mundo. Grande oración es signo y sello de los grandes caudillos de Dios y el ardor de las fuerzas conquistadoras con que Dios coronará sus labores.

El predicador es comisionado para orar, tanto como para predicar. Su misión es incompleta si no hace ambas cosas bien. El predicador puede hablar con toda la elocuencia de los hombres y de los ángeles ; pero, a menos que él pueda orar con una fé que traiga todo el cielo en su ayuda, su predicación será "como metal que resuena o cimbalo que retiñe", para ser usada en la honra permanente de Dios y la salvación de las almas.

# *CAPITULO VI*

*"La causa principal de mi flaqueza y falta de frutos es debido a una inexplicable pesadez para orar. Yo puedo escribir, o leer, o conversar, u oír con un corazón listo; pero la oración es más espiritual e interior que cualquiera de estas cosas, y cuanto más espiritual sea el deber, tanto más es apto mi corazón a desviarse de él. Oración, y paciencia, y fé, nunca se frustrán. Yo he aprendido, hace mucho tiempo, que si debía de ser un ministro, fé y oración debían hacerme tal. Cuando encuentro mi corazón en actitud y libertad para orar, todo lo demás, comparativamente, es fácil".*

*Richard Newton.*

Puede establecerse como un axioma espiritual, que en todo ministerio de éxito, la oración es una fuerza evidente y controladora en la vida del predicador, evidente y controladora en la profunda espiritualidad de su obra. Un ministerio puede ser un ministerio muy cuidadoso, sin oración; el predicador puede asegurarse fama y popularidad sin oración; la maquinaria entera de la vida y la obra del predicador pueden seguir sin el aceite de la oración o suficiente apenas para lubricar solamente un diente del engranaje; pero ningún ministerio puede ser espiritual, asegurando santidad en el predicador y su pueblo, sin que la oración sea hecha una fuerza evidente y controladora.

El predicador que ora, de veras, pone a Dios en la obra. Dios no interviene en la obra del predicador como por casualidad o principios generales, sino que viene por oración y urgente necesidad especial. Que Dios será encontrado de nosotros en el día que le busquemos con todo el corazón, es tan cierto del predicador como del penitente. Un ministerio lleno de oración, es el único ministerio que hace entrar al predicador en simpatía con el pueblo. La oración tan esencialmente une a lo humano como a lo divino. Un ministerio lleno de oración, es el único ministerio calificado para los altos oficios y responsabilidades del predicador. Colegios, erudición, libros, teología, predicación, no pueden hacer un predicador; pero la oración, sí lo hace. La comisión dada a los apóstoles para predicar, fué una hoja en blanco hasta que fué llenada por el Pentecostés que fué traído por oración. Un ministro lleno de oración ha pasado más alla de las regiones de lo popular, más allá del hombre de meros negocios, de secularidades, de fuerza atractiva del púlpito, ha pasado más allá del organizador eclesiástico o general a la región más sublime y más poderosa, la región de lo espiritual. Santidad es el producto de su obra, corazones y vidas transfigurados blasonan la realidad de su obra de naturaleza veraz y substancial. Dios es con él. Su ministerio no está proyectado sobre la mundanalidad o príncipios superficiales. Está profundamente acopiado con, y profundamente enseñado en las cosas de Dios. Sus largas y profundas comunicaciones con Dios acerca de su pueblo y la agonía de su espíritu luchador, le han coronado como un príncipe en las cosas de Dios. La frialdad de lo mero profesional ha sido, desde mucho ha, disuelta bajo la intensidad de su oración.

Los resultados superficiales de muchos ministerios, la debilidad de otros, se encuentran en la carencia de oración. Ningún ministerio puede salir bien sin mucha oración, y esta oración debe ser fundamental, siempre permanente, siempre creciente. El texto, el sermón, deben ser el resultado de la oración. El estudio debe ser bañado en oración, todos sus deberes impregnados de oración, su espíritu entero, el espíritu de oración. "Estoy penoso, porque he orado tan poco", fué, en su lecho de muerte, la pesadumbre llena de tristeza y remordimiento de un escogido de Dios; "Yo deseo una vida de más verdadera oración", dijo el difunto arzobispo Tait. Así podamos decir todos y esto podamos todos asegurar.

Los verdaderos predicadores de Dios, se han distinguido por una cualidad: fueron hombres de oración. Diferiendo, a menudo, en muchas cosas han tenido siempre un centro común. Ellos pueden haber partido de diferentes puntos, y por diferentes caminos, pero convergieron a un punto: fueron uno en oración. Dios era para ellos el centro de atracción y la oración fué el camino que los condujo a Dios. Estos hombres oraron, no de vez en cuando, no un poco a tiempos regulares o desocupados; sino que oraron de tal manera, que sus oraciones entraron en y formaron su carácter; oraron de tal manera que influenciaron sus propias vidas y las vidas de otros; oraron de tal manera que crearon la historia de la Iglesia e influenciaron la corriente de los tiempos. Emplearon mucho tiempo en la oración, no porque marcaron la sombra en el cuadrante solar o las manecillas del reloj, sino porque para ellos tan importante y atractiva era la ocupoción que casi no podían abandonarla.

La oración fué para ellos lo que ella fué para Pablo, una contienda con ardiente esfuerzo del alma; lo que ella fué para Jacob, una lucha y un dominio ; lo que ella fué para Cristo, "gran clamor y lágrimas". Ellos oraron "en todo tiempo, con toda deprecación y súplica en el Espíritu, y velando en ello con toda instancia". "La oración obrando eficazmente" ha sido la más poderosa arma de los más poderosos soldados de Dios. En informe concerniente a Elías que "era hombre sujeto a semejantes pasiones que nosotros, y rogó con oración que no lloviese, y no llovió sobre la tierra en tres años y seis meses. Y otra vez oró, y el cielo dió lluvia, y la tierra produjo su fruto", — comprende a todos los profetas y predicadores que han movido su generación para Dios y muestra el instrumento por medio del cual ellos obraron sus maravillas.

## CAPITULO VII

*“Los grandes maestros y profesores de doctrina cristiana han encontrado siempre en la oración su más elevado manantial de iluminación. Para no irse más allá de los límites de la Iglesia Inglesa, se recuerda el obispo Andrews que empleó diariamente cinco horas sobre sus rodillas. Los más grandes resultados prácticos que han enriquecido y hermoseado la vida humana, en los tiempos cristianos, han sido alcanzados por la oración.*

*Canon Liddon.*

Mientras que muchas oraciones privadas, en la naturaleza de las cosas, deben ser cortas; mientras que oraciones públicas, por regla general, también deben ser cortas y condensadas; mientras que hay un amplio motivo para las oraciones breves y fervorosas — sin embargo, en nuestra comunión privada con Dios, el tiempo es un factor esencial a su valor.

Mucho tiempo empleado con Dios es el secreto de toda oración de éxito. La oración que es sentida como una fuerza poderosa es el mediato o inmediato, directo o indirecto producto de mucho tiempo empleado con Dios. Nuestras oraciones cortas, deben su agudeza y eficiencia a las grandes oraciones que las han precedido. Las oraciones cortas prevalecientes no pueden ser hechas por uno que no ha prevalecido con Dios en una poderosa lucha de larga continuidad. La victoria de fé de Jacob no hubiera podido ser ganada sin la lucha de toda la noche. El conocimiento de Dios no puede ser hecho por llamadas repentinas. Dios no confiere sus dones a hombres que vienen y van casual y apresuradamente. Mucho a solas con Dios es el secreto de conocerle y de influencia con El. El lo concede a la persistencia de una fé que le conoce. El concede sus más ricos dones sobre aquellos que declaran su deseo y apreciación de aquellos dones, tanto por la constancia como por la solicitud de su importunidad. Cristo, quien, en esto también como en otras cosas, es nuestro ejemplo empleó muchas noches enteras en oración. Su costumbre era orar mucho. El tenía su lugar habitual para orar. Muchos largos tiempos de oración formaron su historia y carácter. Pablo oró día y noche. Daniel tomó tiempo de entre los más importantísimos intereses para orar tres veces al día. Las oraciones matinales, de medio día y de noche de David fueron sin duda, en muchas ocasiones, muy prolongadas. Aunque no tenemos cálculo del tiempo que estos santos de la Biblia emplearon en oración, sin embargo, las indicaciones muestran que ellos consumieron mucho tiempo en oración, y en algunas ocasiones largos períodos de oración fué su costumbre.

No deberíamos tener ningún pensamiento acerca de que el valor de sus oraciones deben ser medidas por reloj, sino que nuestro propósito es imprimir en nuestras mentes la necesidad de estar mucho a solas con Dios; y que si este hecho no ha sido producido por nuestra fé, entonces, ella es de un tipo débil y superficial.

Los hombres que más plenamente han engrandecido a Cristo en su carácter, y afectado más poderosamente el mundo para El, han sido hombres que han empleado tanto tiempo con Dios como para hacerlo un notable evento de sus vidas. Charles Simeón dedicó a Dios desde las cuatro hasta las ocho de la mañana. El señor Wesley empleó dos horas diariamente en oración. Principió a las cuatro de la mañana. De él, uno que le conoció bien escribió : "El creyó que la oración debía ser su ocupación más que cualquier cosa, y yo le he visto salir de su cámara secreta con una serenidad de cara próxima al resplandor". John Fletcher manchó los muros de su cuarto con el aliento de sus oraciones. Algunas veces solía orar toda la noche; siempre, frecuentemente y con gran intensidad. Su vida entera fué una vida de oración. "Yo no podría levantarme" dijo "sin elevar mi corazón hacia Dios". Su saludo a un amigo fué siempre : "¿Le encuentro orando?" Lutero dijo : "Si yo dejo de emplear dos horas en oración cada mañana, el diablo obtiene la victoria durante el día. Estoy tan ocupado que no puedo dejar de emplear tres horas diarias en oración". El tenía un lema : "El que ha orado bien ha estudiado bien".

El arzobispo Leighton, permanecía tanto a solas con Dios que parecía estar en perpétua meditación. "Oración y alabanzas fueron sus ocupaciones y su placer", dice su biógrafo. El obispo Ken estaba tanto con Dios, que se dijo de él que su alma estaba ennamorada de Dios. El estaba con Dios antes que el reloj diera las tres de la mañana. El obispo Asbury dice : "Yo me propongo levantarme a las cuatro, tan a menudo, como yo pueda, y emplear dos horas en oración y meditación". Samuel Rutherford, la fragancia de cuya piedad es aún rica, se levantaba a las tres de la mañana para encontrarse con Dios en oración. Joseph Alleine se levantaba a las cuatro de la mañana para ocuparse en oración hasta las ocho. Si él oía que otros mercaderes se ocupaban en sus negocios antes que él estuviera levantado, él podía exclamar: "¡Oh, cuánto me avergüenza esto! ¿No merecen los negocios de mi Maestro más que los suyos?" Quien ha aprendido esta ocupación bien, gira a voluntad, a la vista, y con aceptación del banco inagotable del cielo.

Uno de los más santos y entre los más dotados de los predicadores de Escocia dice: "Yo necesito emplear las mejores horas en comunión con Dios. Es mi más noble y fructífero empleo, y no debe ser arrojado en un rincón. Las horas de la mañana, desde las seis hasta las ocho, son las más ininterrumpidas, y deben ser asi empleadas, Después del té es mi mejor hora, y aquella debe ser solemnemente dedicada a Dios. Yo no debo suspender el bueno y viejo hábito de oración antes de ir a la cama; sino que debe protegerme para guardarme contra el sueño. Cuando me despierto en la noche debo levantarme a orar. Un poco de tiempo después de le desayuno, puede dedicarse a la intercesión". Este era el plan de oración de Robert Mc Cheyne. La memorable banda metodista en sus oraciones, nos avergüenza. "Desde las cuatro hasta las cinco de la mañana, oración privada; de cinco a seis de la tarde, oración privada".

John Welch, el santo y maravilloso predicador escocés creyó que el día estaba mal empleado si él no empleaba ocho a diez horas en oración. El guardaba una manta conque envolverse cuando se levantaba a orar en las noches. Su esposa se quejaba cuando le encontraba que estaba en el suelo llorando. El replicaba: "Oh, mujer, yo tengo las almas de tres mil personas por quienes responder y yo no sé cómo va con muchos de ellos".

## CAPITULO VIII

*"El acto de la oración es la más elevada energía de la que es capaz la mente humana, es decir orando con toda la concentración de las facultades. La gran masa de hombres mundanos y de hombres eruditos son absolutamente incapaces de orar".*

*Coleridge.*

El obispo Wilson dice: "En el diario del espíritu de oración de H. Martyn, el tiempo dedicado a ese deber y su fervor en él son las primeras cosas que me impresionan".

Payson dejó en las duras maderas las huellas donde sus rodillas presionaron tan a menudo y por tanto tiempo. Su biógrafo dice: "Su contínua instancia en oración, fueran cuales fueran las circunstancias, es el hecho más notable de su historia y señala el deber de todos los que quieren esforzarse en alcanzar su eminencia. A sus ardientes y perseverantes oraciones se debe, sin duda, atribuír en una gran medida sus distinguidos y casi ininterrumpidos éxitos".

El marqués De Renty, para quien Cristo fué muy precioso ordenó a su sirviente llamarle de sus devociones después de media hora. El sirviente, a la hora indicada, vió su cara a través de una abertura. Estaba marcada con tal santidad que no quiso llamarlo. Sus labios estaban moviéndose, pero él estaba en completo silencio. Esperó hasta que tres medias horas hubieron pasado, entonces le llamó; cuando se levantó de sus rodillas dijo que la media hora era muy corta cuando estaba en comunión con Cristo.

Brainerd dice: "Yo amo estar solo en mi cabaña, donde puedo emplear mucho tiempo en oración".

William Bramwell es famoso en los anales del Metodismo por su santidad personal y por éxitos maravillosos en la predicación, y por las maravillosas respuestas a sus oraciones. Oraba muchas horas seguidas. Casi vivía sobre sus rodillas. El fué de sitio en sitio en su parroquia como una llama de fuego. El fuego fué encendido por el tiempo que empleó en oración. A menudo empleó más de cuatro horas en una sola oración en retiro.

El obispo Andrews empleó la mayor parte de cinco horas de cada día en devoción y oración.

Sir Henry Havelock siempre empleó las primeras dos horas de cada día para estar a solas con Dios. Si el campamento se debía levantar a las seis de la mañana, él debía levantarse a las cuatro.

El conde Cairns se levantaba diariamente a las seis de la mañana para tener una hora y media en el estudio de la Biblia y oración, antes de conducir al culto de familia a las ocho menos un cuarto.

Los éxitos del Dr. Judson en la oración se atribuyen al hecho que dió mucho tiempo a la oración. El dice sobre este punto: "Dispón tus asuntos, si es posible, de tal modo que puedas cómodamente, dedicar dos o tres horas cada día no meramente a los ejercicios devocionales sino al verdadero acto de oración secreta y comunión con Dios. Esfuérzate siete veces al día en retirarte de los negocios y compañías y eleva tu alma a Dios en retiro privado. Principia el día por levantarte después de media noche y dedicar algo de tiempo entre el silencio y obscuridad de la noche a esta obra sagrada. Procura que la hora que comience el día te encuentre en la misma obra. Procura que las horas de nueve, doce, tres, seis y nueve de la noche testifiquen lo mismo. Sé resuelto en su causa. Haz todos los sacrificios practicables para mantenerla. Considera que tu tiempo es corto, y que a los negocios y compañías no se les debe permitir robarte de tu Dios." ¡Imposible, decimos, direcciones fanáticas! El Dr. Judson impresionó un imperio para Cristo y colocó los fundamentos del reino de Dios con granito imperecedero en el corazón de Birmania. Fué afortunado, uno de los pocos hombres que poderosamente impresionaron el mundo para Cristo. Muchos hombres de más grandes dones y genio y erudición que él, no han hecho tal impresión; la obra religiosa de los tales es semejante a las huellas del pie sobre la arena, pero él ha esculpido su obra sobre diamente. El secreto de su profundidad y paciencia se encuentran en el hecho que él dió tiempo a la oración. El mantuvo el hierro al rojo con la oración y la habilidad de Dios lo modeló con poder perseverante. Ningún hombre puede hacer una obra grande y durable para Dios sino es un hombre de oración, y ningún hombre puede ser un hombre de oración si no dedica mucho tiempo a ella.

"¿Es verdad que la oración es, simplemente, el cumplimiento de un hábito, pesado y mecánico? ¿Un pequeño cumplimiento en el cual estamos disciplinados hasta que la domesticidad y pequeñéz y superficialidad son sus principales elementos? ¿Es verdad que la oración es, como se presume, poco menos que el juego semipasivo de los sentimientos que fluyen lánguidamente a través de los minutos y horas de un fácil delirio?" Canon Liddon continúa: "Dejemos que los que realmente han orado den la respuesta. Algunos describen la oración, con el patriarca Jacob, como una lucha juntamente con el Poder Invisible que puede durar, no pocas veces, en una vida ardiente, hasta las horas de la noche, o aún hasta rayar el día. Algunas veces la refieren a la intercesión ordinaria con San Pablo, como una lucha concertada. Ellos tienen, cuando oran, sus ojos fijos en el Gran Intercesor en el Getsemaní, sobre las gotas de sangre que cayeron al suelo en aquella agonía de resignación y sacrificio. Importunidad es la esencia de la oración de éxito. Importunidad no significa meditabundéz sino obra sostenida. Es, por medio de la oración, especialmente, que el reino de los cielos sufre violencia y los fuertes lo toman por fuerza. Era un decir del difunto obispo Hamilton que: "Ningún hombre es aparente para hacer mucho bien en la oración, quien no principia por verla a la luz de una obra que debe ser preparada y que debe perseverarse en ella con todo el ardor que ejercemos sobre los asuntos que son en nuestra opinión, a la vez, más interesantes y más necesarios."

## CAPITULO IX

*"Yo debo orar antes que haya visto a alguien. A menudo, cuando yo duermo mucho, o me reuno con otros temprano, es a las once o doce que yo principio mi oración secreta. Este es un perverso sistema. No es conforme a las Sagradas Escrituras. Cristo se levantó antes que amaneciera y se fué a un lugar solitario. David dice: "De mañana me presentaré a tí". "De mañana oirás mi voz". La oración de familia pierde mucho de su poder y dulzura, y yo no puedo hacer bien a los que vienen a buscarlo de mí. La conciencia se siente culpable, el alma sin alimento, la lámpara no está arreglada. Entonces cuando estoy en la oración secreta, el alma, a menudo, está fuera de tono. Siento que es mucho mejor principiar con Dios — ver su faz primero, dejar a mi alma acercársele antes de acercarse a otro".*

*Robert Murray Mc Cheyne.*

Los hombres que han hecho más para Dios en este mundo, han estado muy temprano sobre sus rodillas. Quien desperdicia las primeras horas de la mañana, su oportunidad y frescura, en otras ocupaciones que en buscar a Dios, hará poco progreso buscándole el resto del día. Si Dios no es primero en nuestros pensamientos y esfuerzos en la mañana, estará en el último lugar el resto del día.

Detrás de este levantarse temprano y orar temprano está el deseo ardiente que nos presiona en este empeño de seguir a Dios. La negligencia matinal es el índice para un corazón negligente. El corazón que es descuidado en buscar a Dios en la mañana ha perdido su gusto por Dios. El corazón de David era ardiente en seguir a Dios. Tenía hambre y sed de Dios, y por eso busco a Dios temprano, antes que amaneciera. El hecho y el sueño no podían encadenar su alma y su vehemencia de seguir a Dios. Cristo ansió la comunión con Dios; y así, se levantó mucho antes que amaneciera, e iba a la montaña a orar. Los discípulos, cuando estaban completamente despiertos y avergonzados de su abandono, sabían donde podían encontrarle. Podríamos recorrer la lista de los que han, poderosamente, impresionado el mundo para con Dios, y los encontraríamos siguiendo a Dios desde temprano.

Un deseo en la búsqueda de Dios que no puede romper las cadenas del sueño es una cosa débil y no hará sino poco bien en relación a Dios, después de haberse gratificado a sí mismo plenamente. El anhelo hacia Dios que hemos dejado atras del diablo y del mundo al principio del día, nunca recuperarán su lugar.

No es simplemente el levantarse que coloca a los hombres en el frente y los hace capitanes generales en las huestas de Dios, sino es el ardiente anhelo que remueve y rompe todas las cadenas de indulgencia con el yo. Empero el levantarse da expresión, incremento y fortaleza al anhelo. Si ellos se hubieran estado en la cama siendo indulgentes consigo mismo, el anhelo habría sido apagado. El anhelo les levantó y les puso en el esfuerzo para seguir a Dios, y este cuidado y acción sobre el llamamiento dió a su fé apoyo en Dios y dió a sus corazones la dulcísima y plena revelación de Dios, y esta fortaleza de fé y plenitud de revelación, les hizo santos por eminencia y este halo de su santidad ha llegado hasta nosotros, y hemos entrado en el goce de sus conquistas. Empero tomamos nuestra plenitud en gozo y no en producciones. Nosotros construímos sus tumbas y escribimos sus epitafios: pero descuidamos de seguir su ejemplo.

Necesitamos una generación de predicadores que busquen a Dios y que le busquen temprano, que den la frescura y rocío de su esfuerzo a Dios, y aseguren, en cambio, la frescura y plenitud de su poder para que el pueda ser como el rocío para ellos, plenitud de alegría y fortaleza, a través de todo el calor y el trabajo del día. Nuestra pereza en seguir a Dios es nuestro clamoroso pecado. Los hijos de este mundo son más sabios que nosotros. Ellos están sobre esto temprano y tarde. Nosotros no buscamos a Dios con ardor y diligencia. Ningún hombre le alcanza si no sigue aprisa tras El y ninguna alma sigue aprisa a Dios si no le sigue desde muy de mañana.

## CAPITULO X

*"Hay una necesidad manifiesta de influencia espiritual en el minsterio de la época presente. Lo siento en mi propio caso y lo veo en el caso de otros. Temo que hay entre nosotros demasiado de un temperamento de mente, bajo, administrativo, maquinador, maniobrador. Estamos esforzándonos más de lo conveniente para complacer a los gustos de un hombre y los prejuicios de otro. El ministerio es el grande y santo asunto, y debe encontrar en nosotros un sencillo hábito de espíritu y una santa, pero, humilde indiferencia a todas las consecuencias. El defecto principal en el ministerio cristiano es la necesidad de un hábito devocional".*

*Richard Cecil.*

Nunca hubo mayor necesidad de hombres y mujeres santos; más imperativo, aún, es el llamado para predicadores santos y dedicados a Dios. El mundo se mueve con saltos gigantescos. Satán tiene su garra y mando sobre el mundo, y labora para hacer que todos sus movimientos se subordinen a sus fines. La religión debe hacer su mejor obra, presentar sus más atractivos y perfectos modelos. Por todos los medios, la santidad moderna debe ser inspirada por más elevados ideales, y por las más grandes posibilidades, por medio del espíritu. Pablo vivió sobre sus rodillas, para que la Iglesia de Efeso pudiese medir la elevada, vívida, profunda e inmesurable santidad, y ser "llenos de toda la plenitud de Dios". Epafras se abatió a sí mismo con el agotante trabajo e intrépido conflicto de la oración ferviente, hasta que los de la iglesia de Colosas pudiesen "estar firmes, perfectos, y cumplidos en todo lo que Dios quiere". Dondequiera, en los tiempos apostólicos, todos se esforzaron para que el pueblo de Dios podía dar, que cada uno llegó "a la unidad de la fé y del conocimiento del Hijo de Dios, a un varón perfecto a la medida de la edad de la plenitud de Cristo". Ningún premio fué dado a los enanos; ningún estímulo, para una senil infancia. Los bebes debían crecer; los viejos, en vez de la debilidad y enfermedad, debían llevar frutos en esa edad avanzada, y ser engordados y fortalecidos. La cosa más divina en religión es hombres santos y mujeres santas.

Ni aumento de dinero, ni genio, ni cultura pueden mover las cosas para Dios. La santidad vigoriza el alma, el hombre entero arde en amor, con deseo de más fé, más oración, más celo, más consagración — este es el secreto de poder. Esto necesitamos y debemos tenerlo, y los hombres deben ser la encarnación de esta plena y ardiente devoción para Dios. El avance de Dios ha sido detenido, su causa estropeada, su nombre deshonrado por la falta de esto. El genio (aún el más elevado y dotado) la educación (aún la más erudita y refinada), posición, dignidad, lugar, nombres honorables, poderes eclesiásticos, no pueden mover esta carroza de nuestro Dios. El ardiente y fuerzas ardientes solamente pueden moverlo. El genio de un Milton falla. La fortaleza imperial de un León falla. El espíritu de Brainerd puede moverlo. El espíritu de Brainerd estaba encendido para Dios, encendido para las almas. Nada terrenal, mundanal, egoísta, viene a abatir, en lo más mínimo, la intensidad de esta fuerza y llama, todo impelente y consumidora.

La oración es el creador a la vez que el canal

de devoción. El espíritu de devoción es el espíritu de oración. La oración y la devoción están tan unidas como el alma y el cuerpo, están unidos como la vida y el corazón están unidos. No hay oración verdadera sin devoción, ni devoción sin oración. El predicador debe estar rendido a Dios en la más sagrada devoción. El no es un hombre profesional, su ministerio no es una profesión: es una institución divina, una devoción divina. El está dedicado a Dios. Su blanco, aspiraciones, ambición son para Dios y hacia Dios y para tal, el oración es tan esencial como lo es el alimento para la vida.

El predicador sobre todas las cosas debe ser consagrado a Dios. Las relaciones del predicador hacia Dios son la insignia y credenciales de su ministerio. Estas deben ser claras, concluyentes, inequívocas. No debe ser un tipo de piedad común y superficial. Si él no sobresale en gracia, no sobresale en nada. Si él no predica por medio de la vida, carácter, conducta, su predicación nada vale. Si su piedad es ligera, su predicación puede ser tan suave y tan dulce como la música, tan hábil como de Apolo, sin embargo su peso será como peso de pluma, visionario, fugáz como la nube de la mañana o el roció matinal. Devoción hacia Dios — no hay sustituto para esto en el carácter y conducta del predicador. Devoción a una iglesia, a opiniones, a una organización, a la ortodoxía — estas son miserias, engaños y vanidades cuando llegan a ser el manantial de inspiración, el alma de un llamamiento. Dios debe ser el mayor manantial de los esfuerzos del predicador, la fuente y corona de toda su fatiga. El nombre y honor de Jesucristo, el avance de su causa deben ser el todo en todo. El predicador no debe tener inspiración sino en el Nombre de Jesucristo, no tener ambición sino para tenerle glorificado, ninguna fatiga sino por El. Entonces la oración será una manantial de sus ilusiones, los medios de perpétuo avance, el medidor de su éxito. La aspiración perpétua, la única ambición que el predicador puede amar es tener a Dios con El.

Nunca la causa de Dios necesitó perfectas ilustraciones de las posibilidades de la oración más que en esta edad. Ninguna edad, ninguna persona, serán ejemplos del poder del evangelio excepto las edades y personas de profunda y ardiente oración. Una edad falta de oración no tendrá sino miserables modelos del poder divino. Corazones faltos de oración nunca se levantarán a estas alturas alpinas. La edad puede ser una edad mejor que la pasada, pero hay una distancia infinita entre el mejoramiento de una edad por la fuerza de la civilización que avanza y su mejoramiento por el aumento de santidad y semejanza con Cristo, por la energía de la oración. Los judíos fueron mucho mejores cuando Cristo vino que en las edades pasadas. Era la edad de oro de su religión farisaica. Su áurea edad religiosa crucificó a Cristo. Nunca hubo más oración, nunca menos oración; nunca más sacrificios, nunca menos sacrificios; nunca menos idolatría, nunca más idolatría; nunca más adoración en los templos, y nunca menos adoración a Dios; nunca más servicio de labios, nunca menos servicio de corazón. (¡Dios adorado por labios cuyos corazones y manos crucificaron al Hijo de Dios!) Nunca más frecuentadores de la Iglesia y nunca menos santos.

Es la fuerza de la oración lo que hace santos. Los caracteres santos son formados por el poder de la oración verdadera. Cuantos más verdaderos santos, tanto más de oración. Cuanto más de oración tanto más verdaderos santos.

## CAPITULO XI

*Yo le recomiendo mucho, comunión con Cristo, una comunión creciente. Hay cortinajes que deben ser abiertos en Cristo, que nunca hemos visto, nuevos pliegues de amor en él. Me desespera que nunca ganaré el llegar al lejano término de aquel amor; hay tantos pliegues en él. Por consigiente, cave profundo, fatigue, trabáje y afánese por El, y dedíquele todo el tiempo posible cada día. El será adquirido en la labor.*

*Rutherford.*

Dios tiene ahora, y ha tenido, muchos de estos hombres predicadores devotos y plenos de oración, hombres en cuyas vidas, la oración ha sido una fuerza poderosa, controladora y conspicua. El mundo ha sentido su poder, Dios ha sentido y honrado su poder, la causa de Dios se ha movido poderosamente y velozmente por sus oraciones, la santidad ha brillado en sus caracteres con refulgencia divina.

Dios encontró uno de los hombres que estaba buscando en David Brainerd, cuya obra y nombre han pasado a la historia. No fué un hombre ordinario, sino que fué capaz de brillar en cualquier compañía, era el camarada del sabio y de los que tienen dones, eminentemente adaptado para llenar los más atrayentes púlpitos y trabajar entre los màs refinados y cultos, quienes estuvieron tan ansiosos de asegurarle como su pastor. El presidente Edwards da testimonio que era "un joven de distinguidos talentos, tenía un extraordinario conocimiento de los hombres y de las cosas, tenía raros poderes de conversación, aventajado en su conocimiento de la Teología, y era verdaderamente a pesar de su juventud, un predicador extraordinario, y especialmente en todas las materias relacionadas con la religión experimental. No conocí a uno igual de su edad y posición, en el claro y exacto conocimiento de la naturaleza y esencia de la verdadera religión. Su manera de orar fué casi inimitable, en tal punto que yo muy raramente he conocido otro igual. Su erudición era muy considerable, y tenía dones extraordinarios para el púlpito".

Ninguna historia más sublime ha sido registrada en los anales terrenales que la de David Brainerd; ningún milagro atestigua con fuerza más divina la verdad del Cristianismo que la vida y obra de este hombre Solo, en las selvas vírgenes de América, luchando día y noche con una enfermedad mortal, ignorante en el cuidado de almas, teniendo acceso a los indios, por un largo periodo de tiempo, solamente por medio del inhábil instrumento de un intérprete pagano, con la Palabra de Dios en su corazón y en su mano; su alma encendida con la llama divina, un lugar y tiempo para vertir su alma en Dios en oración a El, plenamente estableció la adoración a Dios y aseguró todos sus buenos resultados. Los indios fueron cambiados en gran manera, desde los más bajos embrutecimientos de un ignorante y degradado paganismo a cristianos puros devotos e inteligentes; todos los vicios reformados, los deberes externos del Cristiatianismo, a la vez, abrazados y ejecutados; la oración de familia establecida, el día del Señor instituido y religiosamente observado; las gracias internas de la religión exhibidas con creciente dulzura y fortaleza. La solución de estos resultados se encuentra en David Brainerd mismo, no en las condiciones o accidentes, si no en el nombre Brainerd. El fué el hombre de Dios para Dios, el principio y el fin y en todo tiempo. Dios podia afluir sin interrupción por medio de el. La omnipotencia de la gracia no fué, ni detenida ni limitada por las condiciones de su corazón; el canal entero estaba ampliado y limpiado para el pasaje más poderoso de le plenitud de Dios, de tal manera que Dios con sus poderosas fuerzas podía descender en los desiertos salvajes y sin esperanza, y transformarlos en su jardín floreciente y fructífero; porque nada es demasiado difícil hacer para Dios si El puede encontrar la verdadera calidad de hombre para hacerlo.

Brainerd vivió la vida de santidad y oración. Su diario está lleno y es monótono con la relación de sus momentos de ayuno, meditación y retiro. El tiempo que empleó en oración privada acumulaba muchas horas diarias. "Cuando yo regreso al hogar" dice, "me doy a la meditación, oración y ayuno, mi alma anhela la mortificación, negación a sí misma, humildad y divorcio de todas las cosas del mundo". "Yo no tengo que hacer", dice él, "con la tierra sino solamente trabajar honradamente en ella para Dios. Yo no deseo vivir un minuto por cualquier cosa que la tierra pueda conceder". Según este elevado concepto él oró: "Sintiendo algo de la dulzura de la comunión con Dios y de la fuerza constriñente de su amor, y cuán admirablemente cautiva el alma y hace que todos los deseos y afecciones se centralicen en Dios, yo he apartado este día para oración y ayuno en secreto, para rogar a Dios que me bendiga y dirija con cuidado en la obra que yo tengo en perspectiva, de predicar el evangelio, y que el Señor volviera hacia mí y me mostrara la luz de su rostro. Yo tenía poca vida y poder al medio día. Cerca de la mitad de la tarde Dios me capacitó para luchar ardientemente por mis amigos ausentes, pero precisamente en la noche el Señor me visitó maravillosamente en oración. Yo creo que mi alma nunca estuvo en una agonía semejante antes. Yo no siento sujeción, porque los tesoros de la gracia divina fueron abiertos para mí. Yo luché por los amigos ausentes, por la cosecha de almas, por las multitudes de pobres almas y por los muchos que yó creía eran los hijos de Dios, personalmente, en muchos y distintos lugares. Estuve en tal agonía desde media hora después de salido el sol hasta cerca de la noche; estaba todo humedecido de sudor pero a mí me pareció que no había hecho nada. ¡Oh mi querido Salvador sudó sangre por las pobres almas! Yo ansíc más compasión por ellas. Yo me sentí en una atitud placentera, bajo una sensación de amor y gracia divinas y fuí a la cama en tal condición, con mi corazón puesto en Dios". Fué la oración lo que dió a su vida y ministerio su maravilloso poder.

Los hombres de oración poderosa son los hombres de potencia espiritual. Las oraciones nunca mueren. La vida entera de Brainerd fué una vida de oración. El oró día y noche. Oró antes y después de predicar. Cabalgando a través de las interminables soledades de los montes, el oró. Sobre su lecho de paja, el oró. Retirándose a los solitarios y densos montes, el oró. Hora tras hora, día tras día, al principiar la mañana y al terminar la noche, él estaba orando y ayunando, vertiendo su alma, intercediendo y meditando con Dios. El fué con Dios poderosamente, y Dios fué poderosamente con El y por ello, siendo muerto aún habla y obra, y hablará y obrará hasta que el fin venga, y entre los amados gloriosos de aquel glorioso día, él estará entre los primeros.

Jonatán Edwards dice de él: "Su vida muestra el camino exacto para el éxito en la obra del ministerio. El lo buscó como un soldado que busca la victoria en medio de un asedio o una batalla; y como un hombre que corre en una carrera para ganar un gran premio. Animado con el amor hacia Cristo y hacia las almas, ¡cómo trabajó! Siempre fervientemente. No solamente en palabra y doctrina, en público y privado, sino también en oraciones de día y de noche, luchando con Dios en secreto y dando a luz con indecible gemido y agonía hasta que Cristo fué formado en los corazones del pueblo al que fuera enviado. Como un verdadero hijo de Jacob, perseveró en la lucha a través de todas las tinieblas de la noche, hasta rayar el día".

## CAPITULO XII

*Porque nada alcanza el corazón, sino lo que sale del corazón, o nada penetra la conciencia sino lo que viene de una conciencia viva.*

*William Penn.*

*En la mañana estaba más ocupado en preparar la cabeza que el corazón. Este ha sido frecuentemente mi error, y he sentido simpre el mal de ello, especialmente en la oración. ¡Refórmalo entonces, oh, Señor! Ensancha mi corazón y yo predicaré.*

*Robert Murray Mc Cheyne.*

*Un sermón que, tiene más de la cabeza infundido en él que del corazón no tendrá eficacia en los oyentes.*

*Richard Cecil.*

La oración con sus múltiples y numerosas fuerzas adyacentes, ayuda a la boca a publicar la verdad con su plenitud y libertad. Debemos orar por el predicador, el predicador es hecho por la oración. Debemos orar por la boca del predicador; su boca es para abrirse y ser llenada por oración. Una boca santa es hecha por la oración, por mucha oración; una boca valiente es hecha por oración, por mucha oración. La Iglesia y el mundo, Dios y el cielo, deben mucho a la boca de Pablo; la boca de Pablo debió su poder a la oración.

¡Cuán numerosas, ilimitadas, valiosas y provechosas son las oraciones para el predicador por muchas razones, por muchos puntos, en todas maneras! Su gran valor es que ayuda al corazón.

La oración hace del predicador un predicador

de corazón. La oración pone el corazón del predicador en el sermón del predicador; la oración pone el sermón del predicador en el corazón del predicador.

El corazón hace el predicador. Los hombres de grandes corazones son grandes predicadores. Los de corazones malos pueden hacer algo de bueno, pero esto es raro. El mercenario y el extraño pueden ayudar a la oveja en algunas cosas, pero es el buen pastor con el corazón del buen pastor que bendecirá a la oveja, y responde a la plena medida de la responsabilidad del pastor.

Hemos enfatizado la preparación del sermón hasta que hemos perdido de vista lo más importante que debe ser preparado — el corazón. Un corazón preparado es mucho mejor que un sermón preparado, un corazón preparado hará un sermón preparado.

Volúmenes enteros han sido escritos sosteniendo el mecanismo y gusto de hacer un sermón, hasta que hemos llegado a estar poseídos de la idea que este andamio es la construcción. El joven predicador ha sido enseñado a colocar toda su fuerza en la forma, gusto y hermosura de su sermón como un producto mecánico e intelectual. Hemos, por ese medio, cultivado un gusto vicioso entre el pueblo y levantado el clamor por un talento en lugar de gracia, elocuencia en lugar de piedad, retórica en lugar de revelación, reputación y brillo en lugar de santidad. Por ello hemos perdido la verdadera idea de la predicación, hemos perdido el poder de la predicación, hemos perdido la punzante convicción para el pecado, hemos perdido la rica experiencia y elevado carácter cristiano, hemos perdido la autoridad sobre las conciencias y vidas que siempre resulta de la predicación genuina.

No quiere decir que los predicadores estudian demasiado. Algunos de ellos no estudian nada, otros, no estudian lo suficiente. Muchos no estudian la manera recta para mostrarse como obreros aprobados de Dios. Pero nuestra gran falta no está en la cultura de la mente, sino en la cultura del corazón; no falta el conocimiento sino falta de santidad es nuestro triste y principal defecto — no que no sabemos demasiado, sino que no meditamos en Dios y su Palabra, y no velamos y ayunamos, y oramos lo suficiente. El corazón es el gran impedimento para nuestra predicación. Las palabras llenas con la verdad divina encuentran en nuestros corazones nonconductores; detenidas ellas caen desnudas y sin poder.

¿Puede, la ambición, que codicia la alabanza y posición, predicar el Evangelio de Aquel, quien no hizo de sí mismo ninguna reputación y tomó la forma de un siervo? ¿Puéde el soberbio, el vanidoso, el egoísta, predicar el Evangelio de Aquel, quien fué modesto y humilde? ¿Puéde, el hombre de mal carácter, colérico, egoísta, duro, mundano, predicar el sistema que abunda en paciencia, abnegación, ternura, lo cual imperativamente demanda separación de la enemistad y crucifixión al mundo? ¿Puede, el mercenario oficial, sin corazón, superficial, predicar el Evangelio que demanda al pastor dar su vida por las ovejas? ¿Puéde, el hombre codicioso, quien considera el salario y dinero, predicar el Evangelio hasta que ha espigado su corazón, y puede decir en el espíritu de Cristo y Pablo en las palabras de

Wesley: "Lo considero estiércol y escoria; yo lo piso bajo mis pies; yo (aunque no yo, sino la gracia de Dios en mí) lo estimo como el fango de las calles, no lo deseo, no lo busco?" La revelación de Dios no necesita la luz del genio humano, el pulimento y fortaleza de cultura humana, la brillantez del pensamiento humano, la fuerza del cerebro humano, para adornarla y reforzarla, sino que demanda la simplicidad, la docilidad, humildad, y fé del corazón de un niño.

Fué esta rendición y subordinación del intelecto y del genio a las fuerzas espirituales y divinas lo que hizo de Pablo incomparable entre los apóstoles. Fué esto lo que dió a Wesley su poder y propagó sus trabajos en la historia de la humanidad. Esto dió a Loyola la fortaleza para impedir la retirada de las fuerzas del catolicismo.

Nuestra gran necesidad es preparación del Corazón. Lutero lo puso como un axioma: "El que ha orado bien, ha estudiado bien". No decimos que los hombres son para no pensar y usar su intelecto; sino que usarán su intelecto mejor quienes cultivan más su corazón. No decimos que los predicadores no deben ser estudiosos; sino que decimos que su gran estudio debe ser la Biblia, y el que estudia mejor la Biblia, es quien ha guardado su corazón con diligencia. No decimos que el predicador no debe conocer a los hombres, sino que será mucho más adepto a la naturaleza humana quien ha sondeado las profundidades y embrollos de su propio corazón. Decimos que mientras el canal de la predicación es la mente, su fuente es el corazón; Ud. puéde ampliar y profundizar el canal, pero si Ud. no tiene buen cuidado en la pureza y profundidad de la fuente, Ud. tendrá un canal seco o contaminado. Decimos que casi cualquier hombre de inteligencia común tiene sentido suficiente para predicar el evangelio, pero, muy pocos tienen gracia suficiente para hacerlo.

Decimos que el que ha luchado con su propio corazón y lo ha conquistado; quien le ha enseñado humildad, fé, amor, verdad, misericordia, simpatía, valor; quien puede vertir los ricos tesoros del corazón así ejercitados por medio del intelecto, todo sobrecargado con el poder del evangelio en la conciencia de sus oidores — este tal será el verdadero y más afortunado predicador en la estima de su Señor.

## CAPITULO XIII

*Estudie, no para ser un predicador refinado. Los muros de Jericó son derribados con cuernos de carneros. Busque simplemente a Jesús por material para predicar ; y lo que desea le será dado, y lo que se le da, será bendecido, ya sea un grano de cebada o un pan de trigo, una costra o una miga. Su boca será un arroyo que fluye o una fuente sellada, según sea su corazón. Evite toda controversia en la predicación, conversación o publicación ; no predique nada de lo de abajo, sino el mal ; y nada de lo de arriba, sino a Jesucristo.*

*Berridge.*

El corazón es el salvador del mundo. La cabeza no salva. El genio, cerebro, lustre, fortaleza, dones naturales, no salvan. El evangelio fluye a través de los corazones. Todas las fuerzas más poderosas son fuerzas del corazón. Todas las gracias más dulces y amables son gracias del corazón. Grandes corazones hacen grandes caracteres, grandes corazones, hacen caracteres divinos. Dios es amor. No hay nada más grande que el amor, nada más grande que Dios. Los corazones hacen el cielo; el cielo es amor. No hay nada más elevado, y más dulce que el cielo. Es el corazón y no la cabeza lo que hace los grandes predicadores de Dios. El corazón vale mucho en todo sentido, en la religión. El corazón debe hablar desde el púlpito. El corazón debe oír en la banca de los oyentes. De hecho, servimos a Dios con nuestros corazones. El homenaje de la cabeza no influye en el cielo.

Creemos que uno de los serios y más populares errores del púlpito moderno es el de poner más del pensamiento que de la oración, más de la cabeza que del corazón en sus sermones. Grandes corazones hacen grandes predicadores buenos corazones hacen buenos predicadores. Una escuela teológica para aumentar y cultivar el corazón es el desiderátum áureo del evangelio. El pastor ata y gobierna su pueblo hacia él por su corazón. Ellos pueden admirar sus dones, pueden estar orgullosos de su habilidad, pueden ser afectados, momentáneamente, por sus sermones; pero la mayor fuerza de su poder es su corazón. Su autoridad es amor. El trono de su poder es su corazón.

El buen pastor da su vida por las ovejas. La cabeza nunca hace mártires. Es el corazón el que rinde la vida al amor y a la fidelidad. Se necesita gran valor para ser un fiel pastor, pero solamente el corazón puede suplir este valor. Dones y genio pueden ser valerosos, pero son los del corazón y no de la cabeza.

Es más fácil llenar la cabeza que preparar el corazón. Es más fácil hacer un sermón del cerebro que un sermón del corazón. Fué el corazón el que trajo al Hijo de Dios del cielo. Es el corazón el que atraerá a los hombres hacía el cielo. Hombres de corazón es lo que el mundo necesita para simpatizar con sus dolores, para quitar sus tristezas, para compadecer sus miserias, y para aliviar sus penas. Cristo fué eminentemente el hombre de dolores; porque El fué, preeminentemente el hombre de corazón.

"Dame tu corazón", es la demanda de Dios a los hombres". ¡Dáme tu corazón!" es la demanda del hombre al hombre.

Un ministerio profesional es un ministerio sin corazón. Cuando el salario juega un gran papel en el ministerio, el corazón ocupa un lugar muy bajo, juega muy poco. Podemos hacer de la predicación nuestra ocupación y no poner nuestro corazón en la ocupación. Quien se pone a sí mismo al frente de su predicación, pone el corazón en último término; quien no siembra con su corazón en su estudio, nunca segará una gavilla para Dios. La cámera secreta es el estudio del corazón, allí aprendemos más acerca de cómo predicar y que predicar que lo que podemos aprender en nuestras bibliotecas. "Lloró Jesús" es el más corto y más grande versículo de la Biblia. Es el que va adelante con lágrimas (no predicando grandes sermones), llevando la preciosa simiente quien volverá con regocijo trayendo sus gavillas con él.

La oración da juicio, trae sabiduría, amplitud y fortaleza a la mente. La cámara secreta es su perfecto maestro y perfecta escuela para el predicador. El pensamiento es, no solamente iluminado y clarificado en la oración, sino que es nacido en ella. Podemos aprender más en una hora de oración, cuando oramos verdaderamente, que en muchas horas de estudio. Libros hay en la cámara secreta los cuales no pueden encontrarse en ninguna otra parte. Las revelaciones se hacen en la cámara secreta, las cuales, no se hacen en ninguna otra parte.

## CAPITULO XIV

*Una brillante bendición que la oración privada hace descender sobre el ministerio es algo indescriptible—una unción del Unico Santo. Si la unción que llevamos no viene del Señor de los ejércitos, somos engañadores, desde que solamente en oración podemos obtenerla. Continuemos persistentes, constantes y fervientes en súplica. Que su vellón permanezca en la era de la súplica hasta que esté empapado con el rocío del cielo.*

*Spurgeon.*

Alejandro Knox, filósofo cristiano de la época de Wesley, no un adherente, sino un amigo íntimo y personal de Wesley, y con mucha simpatía espiritual por el movimiento wesleyano, escribe: "Es extraño y lamentable, pero yo verdaderamente creo el hecho que, excepto entre los metodistas y la clerecía metodista, no hay mucha predicación atractiva en Inglaterra. El clero, muy generalmente, ha perdido absolutamente el arte. Hay, lo concibo, en las grandes leyes del mundo moral una especie de comprensión secreta, semejante a las afinidades químicas, entre las verdades religiosas rectamente promulgadas y los sentimientos más profundos de la mente humana. Donde el uno es debidamente exhibido, el otro responderá. ¿No ardían nuestros corazones dentro de nosotros? — pero para esto es indispensable un sentimiento devoto en el orador. Ahora, estoy obligado a anunciar de mi propia observación que esta unción, es, fuera de toda comparación, más probable que se encuentre en Inglaterra dentro de un conventiculo metodista que en una iglesia parroquial. Esto, y solo esto, parece realmente ser lo que llena las casas metodistas y falta en las iglesias parroquiales. Yo no soy, como verdaderamente lo creo, un entusiasta; yo soy muy sincero y cordial anglicano, humilde discípulo de la escuela de Hale y Boyle de Burnet y Leighton. Ahora, debo asgurar que cuando estuve en este país, ahora dos años, yo no oí un solo predicador que me enseñara como mis grandes maestros sino los que se consideran metodistas. Y desespero de encontrar un átomo de instrucción para el corazón en ninguna otra parte. Los predicadores metodistas (aún cuando yo no puedo aprobar siempre todas sus expresiones) hacen más segura difusión de esta religión pura y verdadera. Yo sentí verdadero placer el domingo pasado. Puedo dar testimonio de que el predicador habló, a la vez, palabras de verdad y templanza. Nu hubo elocuencia — el hombre honrado no sueñó en tal cosa — pero hubo algo mejor; una comunión cordial de la verdad vitalizada. Digo vitalizada porque él declaró para otros lo que fué imposible dejar de sentir que vivía en él mismo".

Esta unción es el arte de predicar. El predicador que nunca ha tenido esta unción, nunca ha tenido el arte de predicar. El predicador que ha perdido esta unción, ha perdido el arte de predicar. Cualquier otro arte que pueda tener y retener — el arte de hacer sermones, el arte del pensamiento claro y grande, el arte de agradar a un auditorio — ha perdido el arte divino de la predicación. Esta unción hace la verdad de Dios poderosa e interesante, arrastra y atrae, edifica, convence, salva.

Esta unción vitaliza la verdad revelada de Dios,

la hace viva y capaz de dar vida. La misma verdad de Dios hablada sin esta unción es leve, muerta y mortal. Aunque abunde en verdad, aún con pensamientos graves, aunque brille con retórica, aunque esté dirigida con lógica, aunque esté potencializada con ardor, sin esta unción divina, prorrumpe en muerte y no en vida. El señor Spurgeon dice: "Me pregunto cuánto podríamos fustigar nuestas cerebros antes que pudiéramos, plenamente, ponerlo en palabras lo que se entienda por predicar con unción. Sin embargo el que predica conoce su presencia, y el que oye pronto descubre su ausencia. Samaria en hambruna tipifica un discurso sin esta unción. Jerusalén, con sus fiestas y viandas gordas, llenas de tuétano, sirve para representar un sermón enriquecido con esta unción. Cada uno conoce lo que es el fresco de la mañana cuando las perlas de oriente abundan en cada tallo de hierba, pero ¿quién puede describirlo, mucho menos producirlas de sí mismo? Tal es el misterio de la unción espiritual. Sabemos, pero no podemos decir a otros lo que es. Es tan fácil como es insensato falsearlo. La unción es una cosa que no puede manufacturarse, y sus imitaciones son peor que inútiles. Sin embargo es, en sí misma de precio infinito y de suma necesidad si Ud. desea edificar a los creyentes y traer los pecadores a Cristo".

## CAPITULO XV

*Habla para la Eternidad. Sobre todas las cosas cultiva tu propio espíritu. Una palabra dicha por tí, cuando tu conciencia es clara y tu corazón lleno del Espíritu de Dios vale, más que diez mil palabras habladas en incredulidad y pecado. Recuerda que Dios, y no el hombre, debe tener la gloria. Si el velo de la maquinaria del mundo fuera quitado, cuánto se encontraría que se hace en respuesta a las oraciones de los hijos de Dios.*

*Robert Murray Mc Cheyne.*

La unción es aquel algo indefinible, indescritible que un antiguo y renombrado predicador escocés describe así: "Hay algunas veces algo en la predicación que no puede ser atribuído al asunto o expresión, y que no puede describirse lo que es, o de dónde viene, sino que con una dulce violencia penetra en el corazón y afecciones, y que viene inmediatamente del Señor; pero si hay alguna manera de obtener tal cosa, es por la disposición celestial del orador".

Nosotros la llamamos unción. Es esta unción la que hace a la Palabra de Dios "viva y eficaz, y más penetrante que toda espada de dos filos, y que alcanza a partir el alma, y aún el espíritu, y las coyunturas de los tuétanos, y discierne los pensamientos y las intenciones del corazón". Es esta unción la que da a las palabras del predicador su agudez, penetración y poder, y crea tal fricción y agitación en muchas congregaciones muertas. Las mismas verdades han sido habladas en la estrictéz de la letra, suaves como el óleo humano podía hacerlas; pero sin ningún signo de vida, ningun latido en el pulso; todo es apacible como el sepulcro y como la muerte. El mismo predicador en el intérvalo recibe un bautismo de esta unción, el henchimiento divino es sobre él, la letra de la palabra ha sido embellecida y encendida por este misterioso poder, y las palpitaciones de la vida principian — vida que recibe o vida que resiste. La unción penetra y convence la conciencia y quebranta el corazón.

Esta unción divina es el distintivo que separa y distingue la verdadera predicación del evangelio de todos los otros métodos de presentación de la verdad, y que crea una amplia hendidura espiritual entre el predicador que la tiene y el que no la tiene. Respalda e impregna la verdad revelada con toda la energía de Dios. La unción es simplemente poner a Dios en su propia Palabra y sobre su propio predicador. Por poderosa, grande y continua oración se hace todo potencial y personal al predicador; inspira y clarifica su intelecto, da visión interior y alcance, y poder proyectante; da al predicador poder en el corazón, lo cual es más grande que poder en la cabeza; ternura, pureza y fuerza fluyen del corazón por ella. Engrandecimiento y libertad, plenitud de pensamiento, dirección y simplicidad de emisión son los frutos de esta unción.

A menudo, el ardor es tomado equivocadamente por esta unción. El que tiene la divina unción será ardiente en la misma naturaleza espiritual de las cosas, pero puede haber una vasta porción de ardor sin la mínima mezcla de unción.

Ardor y unción parecen semejantes desde algunos puntos de vista. El ardor puede ser, fácilmente y sin darse uno cuenta, sustituto o tomado por unción. Se requiere un ojo espiritual y un gusto espiritual para discriminarla.

El ardor puede ser sincero, serio, ardiente, perseverante. Emprende una cosa con buena voluntad, la persigue con perseverancia y la provoca con ardor; pone su fuerza en ello. Pero todas estas fuerzas no se elevan más alto que lo meramente humano. El hombre está en ello — el hombre entero, con todo lo que él tiene de voluntad y corazón, de cerebro y genio, de planes, trabajo y palabra. El se ha propuesto a sí mismo una resolución que le ha dominado, y que él persigue para apropiársela. Puede ser que no haya nada de Dios en ella. Puede ser que haya un poco de Dios en ella, porque hay demasiado del hombre. El puéde presentar defensa para la vindicación de su propósito ardiente el cual deleita o toca y mueve o abate con convicción de su importancia; y en todo este ardor puede moverse en caminos terrenales, siendo propulsada únicamente por fuerzas humanas, su altar hecho por manos terrenales y su fuego encendido por llamas terrenales. Se díce de un predicador algo famoso y dotado, cuya construcción de la Escritura era para su fantasía o propósito, quién "llegó a ser muy elocuente sobre su propia exégesis". Así los hombres crecen excedentemente ardientes sobre sus propios planes o movimientos. El ardor puede ser el egoísmo simulado.

¿Qué es de la unción? Es lo indefinible en la predicación que la hace predicación. Es aquello que distingue y separa la predicación de todos los discursos meramente humanos. Es lo divino en la predicación. Ella hace la predicación aguda para aquellos que necesitan agudeza. Ella destila como el rocío para aquellos que necesitan ser refrescados. Bien se la describe como:

"Una espada de dos filos
De un templado filo celestial,
Y doble fueron las heridas que hizo,
Donde quiera que penetró.
Fué muerte para el pecador,
Fué vida para todos los que gimen,
Que gimen por el pecado;
Ella enciende y silencia la lucha,
Hace la guerra y la paz también".

Esta unción viene al predicador no en el estudio sino en la cámara secreta. Es la destilación celestial en respuesta a la oración. Es la destilación del Espíritu Santo. Ella impregna, difunda, ablanda, filtra, corta y calma. Ella lleva la Palabra como dinamita, como sal, como azúcar; hace la Palabra consoladora, un acusador, un revelador, un escudriñador; hace al oidor un reo o un santo, le hace llorar comar un niño y vivir como un gigante; abre su corazón y su bolsa suavemente, y a la vez, tan poderosamente como la primavera abre las hojas. Esta unción no es don del genio. No se encuentra en las salas de aprendizaje. Ninguna elocuencia puede pretenderla. Ninguna laboriosidad puede ganarla. Las manos de ningún prelado pueden conferirla. Es el don de Dios — la señal puesta a sus propios mensajores. Es el distintivo del cielo dada a los verdaderos escogidos y valientes, quienes han buscado esta honrosa unción a través de muchas horas de oración batalladora y llenas de lágrimas.

El ardor es bueno e impresivo; el genio es un dón, y grande. El pensamiento enciende e inspira, pero necesita de más divina investidura; de una energía más poderosa que el ardor, o el genio, o el pensamiento para romper las cadenas del pecado, para ganar corazones alejados y depravados para Dios, para reparar las brechas y restaurar la Iglesia a sus antiguas sendas de pureza y poder. Nada sino solamente esta santa unción puede hacer esto.

## CAPITULO XVI

*Todos los esfuerzos del ministro serán vanos o peor que vanos si él no tiene unción. La unción debe descender del cielo y esparcir un sabor y sentimiento, y gusto sobre su ministerio; y entre los otros medios que la califican para su oficio, la Biblia debe tener el primer lugar, y el último también debe ser dado a la Palabra de Dios y a la oración.*

*Richard Cecil.*

En el sistema cristiano, la unción es el ungimiento del Espíritu Santo separándolo para la obra de Dios y calificándolo para ello. Esta unción es la habilitación divina por la cual el predicador realiza los fines peculiares y salvadores de la predicación. Sin esta unción no hay verdaderos resultados espirituales realizados; los resultados e impulsos en la predicación no se levantan sobre los resultados de discursos no santificados. Sin unción lo anterior es tan potente como el púlpito.

Esta unción divina sobre el predicador, genera, por medio de la palabra de Dios, los resultados espirituales que fluyen del evangelio: y sin esta unción no se consiguen estos resultados. Muchas impresiones agradables pueden hacerse, pero todas estas caen por debajo de los fines de la predicación del evangelio. Esta unción puede ser simulada. Hay muchas cosas que parecen semejantes a ella hay muchos resultados que semejan sus efectos; pero ellos son extraños a sus resultados y a su naturaleza. El fervor o ternura excitados por un sermón patético o emocional puede parecer semejante a los movimientos de la unción divina, pero ellas no son fuerzas pungentes.

penetrantes, angustiadoras. Ningún bálsamo curativo para el corazón hay en estos movimientos superficiales, simpáticos, emocionales; no son radicales, no descruben el pecado, ni lo cubren.

Esta unción divina es una de las distinciones que separa la predicación del verdadero evangelio de los otros métodos de presentación de la verdad. Ella respalda y compenetra en la verdad revelada con toda la fuerza de Dios. Ella ilumina la Palabra y amplía y enriquece el intelecto, y la potencializa para abrazar y aprehender la Palabra. Habilita el corazón del predicador y lo atrae a aquella condición de ternura, de pureza, de fuerza y luz que son necesarias para asegurar los más elevados resultados. Esta unción da al predicador libertad y engrandecimiento de pensamiento y de alma — una soltura, plenitud y dirección de palabra que no pueden asegurarse por ningún otro proceso.

Sin esta unción sobre el predicador el evangelio no tiene más poder para propagarse que cualquier otro sistema de verdad. Esta es el sello de su divinidad. La unción en el predicador coloca a Dios en el evangelio. Sin la unción, Dios está ausente, y se deja el evangelio a las fuerzas inferiores e insatisfactorias de la ingenuidad, interés o talento que los hombres pueden trazar para reforzar y proyectar sus doctrinas.

Es en este elemento, más que en cualquier otro, que el púlpito más a menudo fracasa. Justamente en este punto importantísimo cae en defecto. Puede tener erudición; la brillantez y la elocuencia pueden deleitar y encantar; la sensación o los métodos menos ofensivos pueden atraer al populacho en multitudes; el poder mental puede imprimir y reforzar la verdad con todos sus recursos, pero sin esta unción, cada una y todas éstas no serán sino como el asalto embravecido de las aguas sobre un Gibraltar. Gotas menudas y espuma pueden cubrir y adornar, pero aún están allí las rocas, inconmovidas e inconmovibles. Tan imposible es que el corazón humano sea barrido de su dureza y pecado por estas fuerzas humanas, como lo es que estas rocas sean barridas por la fluxión incesante del océano.

Esta unción es la fuerza consagradora, y su presencia es la prueba continua de aquella consagración. Es esta unción divina sobre el predicador la que asegura su consagración a Dios y a su obra. Otras fuerzas y motivos pueden llamarle a la obra, pero solamente ésta es consagración. Una separación para la obra de Dios por el poder del Espíritu Santo es la única consagración reconocida como legítima por Dios.

La unción, la unción divina, este ungimiento celestial, es lo que el púlpito necesita y debe tener. Este aceite divino y celestial puesto en ello por la imposición de la mano de Dios, debe ablandar y lubricar el hombre entero — corazón, cabeza, espíritu — hasta que le aparte con una separación poderosa de todos los motivos y designios terrenales, seculares, mundanales, egoístas y ambiciosos, séparándole hacia todo aquello que es puro y agradable a Dios.

Es la presencia de esta unción sobre el predicador lo que causa la excitación y fricción en muchas congregaciones. Las mismas verdades han sido dichas en la estrictez de la letra, pero ninguna agitación se ha visto, ni dolor ni pulsación se ha sentido. Todo es tranquilo como un cementerio. Otro predicador viene, y esta misteriosa influencia es sobre él; la letra de la Palabra ha sido encendida por el Espíritu, los dolores de un poderoso movimiento, se siente; es la unción que penetra, que agita la conciencia y quebranta el corazón. La predicación sin unción hace cada cosa, dura, seca, acre, muerta.

Esta unción no es una memoria o una época del pasado solamente; es un hecho presente, realizado, y consciente. Pertenece a la experiencia del hombre tanto como a su predicación. Es aquello que lo transforma en la imágen de su divino Maestro, tanto como aquello por el cual declara las verdades de Cristo con poder. Ella es de tanto poder en el ministerio que todo lo demás parece débil y vano sin ella, y su presencia compensa la ausencia de todas las demás fuerzas más débiles.

Esta unción no es un don enagenable. Es un don condicional, y su presencia se perpetúa y aumenta por el mismo proceso por el que fué primeramente obtenida; por oración incesante hacia Dios, por apasionados deseos en pos de Dios, por estimarla, por buscarla con incansable ardor, por estimarlo todo lo demás perdido y fallido sin ella.

¿Cómo y de dónde viene esta unción? Directamente de Dios en respuesta a la oración. Corazones de oración son los únicos corazones que son llenados con este aceite; labios de oración son los únicos que son ungidos con esta unción divina.

Oración, mucha oración, es el precio de la unción en la predicación: oración, mucha oración es la única, la sola condición de conservar esta unción. Sin oración incesante la unción nunca viene al predicador. Sin perseverancia en la oración, la unción, semejante al maná guardado, cría gusanos.

## CAPITULO XVII

*Déme cien predicadores que no temen nada sino el pecado, y no desean nada sino Dios, y no me importa un comino que ellos sean clérigos o láicos; los tales harán temblar las puertas del infierno y establecerán el reino del cielo en la tierra. Dios no hace nada sino en respuesta a la oración.*

*Juan Wesley.*

Los apóstoles conocieron la necesidad y valor de la oración para su ministerio. Ellos reconocieron que su elevada comisión como apóstoles, en lugar de revelarlos de la necesidad de orar, los comisionaba a ella, por una necesidad más urgente; así que ellos fueron excesivamente celosos para que alguna otra obra importante debiera agotar su tiempo y privarlos de su oración como era debido; por lo tanto señalaron laicos para llevar a cabo los delicados y absorventes deberes de ministrar a los pobres a fin de que ellos (los apóstoles) pudieran, sin impedimento, "darse con persistencia a la oración y el ministerio de la palabra". La oración se pone primero, y su relación para orar se pone más fuertemente — "nosotros persistiremos", haciendo su ocupación de ella, rindiéndose a la oración, poniendo fervor, urgencia, perseverancia, y tiempo en ella.

¡Cómo los santos hombres apostólicos se consagraron a esta divina obra de la oración! "Orando día y noche continuamente" dice Pablo. "Nosotros persistiremos en la oración", es el consenso de la devoción apostólica. ¡Cómo estos predicadores del Nuevo Testamento se dieron a sí mismos a la oración por el pueblo de Dios! ¡Cómo pusieron ellos a Dios en plena fuerza en sus iglesias por su oración! Estos santos apóstoles no en vano concibieron que ellos desempeñarían sus elevados y solemnes deberes por comunicar fielmente la palabra de Dios, pero su predicación fué hecha para permanecer y producir efecto por el ardor e insistencia de su oración. La oración apostólica fué tan abrumadora, laboriosa e imperativa, como su predicación apostólica. Ellos oraron poderosamente día y noche para atraer a su pueblo a las más elevadas regiones de la fé y santidad. Ellos oraron más poderosamente aún para guardarlos en esta elevada altitud espiritual. El predicador que nunca ha aprendido en la escuela de Cristo el elevado y divino arte de la intercesión para su pueblo, nunca aprenderá el arte de la predicacion, aunque la Homilética sea vaciada en él por toneladas, y aunque él sea el genio más dotado en hacer sermones y predicar sermones.

Las oraciones de líderes santos y apostólicos, hacen mucho en hacer santos de aquellos que no son apóstoles. Si los líderes de la Iglesia hubieran, en los años posteriores, sido tan exigentes y fervientes en orar para su pueblo como lo fueron los apóstoles, los tristes y obscuros tiempos de mundanalidad y apostasía no habrían dañado la historia y eclipsado la gloria, y detenido el avance de la Iglesia. La oración apostólica hace santos apostólicos y conserva tiempos apostólicos de pureza y poder en la Iglesia.

¡Qué sublimidad de alma, qué pureza y elevación de motivo, qué desinterés, qué sacrificio personal, qué trabajo tan agotador, qué ardor de espíritu, qué tacto divino, se requieren para ser intercesor de los hombres!

El predicador debe entregarse a sí mismo a la oración por su pueblo; no para que ellos puedan simplemente ser salvos, sino sean poderosamente salvados. Los apóstoles se entregaron a sí mismos en oración para que sus santos pudieran ser perfectos; que no pudieran tener un poco de gusto por las cosas de Dios, sino que pudieran "ser llenos de toda la plenitud de Dios". Pablo no se confiaba en su predicación apostólica para conseguir este fin, sino que "por esta causa el dobló sus rodillas al Padre de Nuestro Señor Jesucristo". "La oración de Pablo llevó a sus convertidos más allá en la elevada calzada de la santidad que lo que lo hizo la predicación de Pablo. Epafras hizo tanto o más por la oración para los santos de Colosas que por su predicación. El trabajó fervientemente siempre en oración por ellos, para que "pudieran estar perfectos y cumplidos en toda la voluntad de Dios".

Los predicadores son preeminentement líderes de Dios. Ellos son principalmente responsables de la condición de la Iglesia. Ellos moldean su carácter, dan tono y dirección a su vida.

Mucho, en todas maneras, depende de estos líderes. Ellos forman los tiempos y las instituciones. La Iglesia es divina, el tesoro que encierra es celestial, pero lleva la impresión de lo humano. El tesoro está en vasijas de barro, y toma el gusto del vaso. La Iglesia de Dios hace, o es hecha por sus líderes, ya sea que ella los haga o sea hecha por ellos, será lo que son sus líderes; espiritual, si ellos son así; secular, si ellos lo son; conglomerada, si así son sus líderes. Los reyes de Israel dieron carácter a la piedad de Israel. Una Iglesia raramente se rebela contra o se eleva sobre la religión de sus líderes. Líderes poderosamente espirituales; hombres de poder santo, a la cabeza son símbolos del favor de Dios; desastre y debilidad sigue a la estela de lideres pusilánimes o mundanos. Israel había descendido mucho cuando Dios dió niños para ser sus príncipes, y bebés para gobernarlos. Ningún estado de felicidad se predice por los profetas cuando los niños oprimen al Israel de Dios y las mujeres lo gobiernan. Tiempos de dirección espiritual son tiempos de gran prosperidad espiritual para la Iglesia.

La oración es una de las eminentes características de una dirección espiritual fuerte. Los hombres de poderosa oración son hombres de poder y amoldan las cosas. Su poder con Dios tiene la senda de conquista.

¿Cómo puede un hombre predicar si no ha conseguido su mensaje fresco de Dios en la cámara secreta? ¿Cómo puede él predicar sin tener su fé avivada, su visión clareada, y su corazón caldeado por su estrecha unión con Dios? ¡Ay! del púlpito cuyos labios no son tocados por esta llama de la cámara secreta. Arido y sin unción serán siempre y las verdades divinas nunca vendrán con poder de semejantes labios. Hasta donde los intereses verdaderos de la religión atañen, un púlpito sin una cámara secreta siempre será una cosa estéril.

Un predicador puede predicar de una manera oficial, entretenida o erudita sin oración, pero entre este modo de predicación y el de sembrar la simiente prèciosa de Dios con manos santas, corazones llenos de oración y de lágrimas, hay una distancia inconmensurable.

Un ministerio falto de oración es el empresario fúnebre para toda la verdad de Dios y para la Iglesia de Dios. El puede tener la más costosa caja mortuoria y las más bellas flores, pero es un funeral, no obstante la pompa encantadora. Un cristiano falto de oración nunca aprenderá la verdad de Dios; un ministerio falto de oración nunca será capaz de enseñar la verdad de Dios. Edades de gloria milenial han sido perdidas por una Iglesia falta de oración. La venida de nuestro Señor ha sido postergada indefinidamente por una Iglesia falta de oración. El infierno se ha ensanchado y se han llenado sus horrorosas cavernas en presencia del servicio muerto de una Iglesia falta de oración.

La mejor, la más grande ofrenda es una ofrenda de oración. Si los predicadores del siglo veinte, quieren aprender bien la lección de la oración, y usar plenamente el poder de ella, el milenio vendrá a su medio día antes del fin del siglo. "Orad sin cesar" es la llamada del clarín para los predicadores del siglo veinte. Si el siglo veinte quiere conseguir sus textos, sus pensamientos, sus palabras y sus sermones en sus cámaras secretas, el siguiente siglo encontrará un nuevo cielo y una nueva. El cielo y la tierra viejos y corruptos pasarán bajo el poder de un ministerio de oración.

## CAPITULO XVIII

*Si algunos cristianos que se han estado lamentando de sus ministros hubieran dicho y actuado menos delante de los hombres, y se hubieran aplicado ellos mismos con todo el poder, para clamar a Dios por sus ministros — hubieran por decirlo así, levantado y asaltado el cielo con sus humildes, fervientes, e incesantes oraciones por ellos — habrían estado más cerca del camino al éxito.*

*Jonatán Edwards.*

De algún modo, la práctica de orar, en particular para el predicador, ha caído en desuso o llegado a ser desestimada. De vez en cuando hemos oído la práctica denunciada como un descrédito del ministerio, siendo una declaración pública por los que la hacen de la ineficiencia del ministerio. Ello ofende el orgullo de la erudición y el de la propia suficiencia, quizás, y éstas deben ofenderse y reprocharse de un ministerio que está tan abandonado como para admitirlo que existe.

La oración, para el predicador, no es simplemente el deber de su profesión, un privilegio, sino que es una necesidad. El aire no es más necesario para los pulmones que la oración lo es para el predicador. Es absolutamente necesario para el predicador orar. Es una necesidad absoluta que el pueblo ore por el predicador. Estas dos proposiciones son conyuges dentro de una unión y que nunca deben conocer una separación: *el predicador debe orar; el pueblo debe orar por el predicador.* Necesitará toda la oración que el puede hacer, y toda la oración que puedan hacer por él, para confrontar las temibles responsabilidades, y ganar el más grande, y el más verdadero éxito en su gran obra. El verdadero predicador, después de la cultivación del espíritu y el hecho de oración en sí mismo, en su más intensa forma, lo que anhela con grande vehemencia son las oraciones del pueblo de Dios.

Cuanto más santo es el hombre, cuanto más estima la oración; tanto más claro ve que Dios se da a sí mismo a los que oran, y que la medida de la revelación de Dios al alma es la medida de la oración vehemente, importuna del alma a Dios. La salvación nunca encuentra su camino hacia un corazón falto de oración. El Espíritu Santo nunca mora en un espíritu falto de oración. La predicación nunca edifica un alma falta de oración. Cristo no sabe nada de un cristiano falto de oración. El evangelio no puede ser proyectado por un predicador falto de oración. Dones, talentos, educación, elocuencia, llamamiento de Dios, no pueden aminorar la demanda de oración, sino solamente intensificar la necesidad para que el predicador ore y se ore por el predicador. Cuanto más abiertos estén los ojos del predicador a la naturaleza, responsabilidad, y dificultades en su obra, tanto más verá y si el fuera un verdadero predicador tanto más sentirá la necesidad de la oración; no solamente el aumento de demanda para que el mismo ore sino para llamar a otros para ayudarle con sus oraciones.

Pablo es una ilustración de esto. Si alguno podía proyectar el evangelio por golpe de fuerza personal, por poder del cerebro, por cultura, por gracia personal, por comisión apostólica de Dios, por llamamiento extraordinario de Dios, aquel hombre era Pablo. Que el predicador debe ser un hombre dado a la oración, Pablo es un eminente ejemplo. Que el verdadero predicador apostólico debe de tener las oraciones de otros buenos hermanos para dar a su ministerio su pleno contingente de éxito, Pablo es un ejemplo preeminente. El pide, anhela, aboga de una manera apasionada por la ayuda de todos los santos de Dios. Supo que en el esfera espiritual, como en cualquier otra parte, la unión hace la fuerza; que la concentración y agregación de fé, deseo y oración aumentó el volumen de fuerza espiritual hasta que llegó a ser abrumadora e irresistible en su poder. La combinación de unidades de oración, semejantes a gotas de agua, hacen un océano que desafía la resistencia. Así Pablo, con su clara y plena aprehensión de la dinámica espiritual, determinó hacer un ministerio tan impresivo, tan eterno, tan irresistible como el océano por la acumulación de todas las unidades dispersas de oración, precipitándolas sobre su ministerio. ¿No puede la solución de la preeminencia de Pablo en trabajos y resultados, su impresión en la Iglesia y el mundo, encontrarse en este hecho que él fé capaz de centralizar sobre sí mismo y su ministerio más de la oración que otros? A sus hermanos de Roma escribió: "Ruegoos empero hermanos, por el Señor Jesucristo, y por la caridad del Espíritu, que me ayudéis con oraciones por mí a Dios". A los Efesios dice: "Orando en todo tiempo con toda deprecación y súplica en el Espíritu, y velando en ello con toda instancia y suplicación por todos los santos, y por mí, para que me sea dada palabra en el abrir de mi boca con confianza para hacer notorio el ministerio del Evangelio". A los Colosenses enfatizó:

"Orando también juntamente por nosotros, que el Señor nos abra la puerta de la palabra, para hablar el ministerio de Cristo, por el cual aún estoy preso, para que lo manifieste como me conviene hablar". A los Tesalonicenses les dice, sutilmente, fuertemente; "Hermanos, orad po nosotros". Pablo llamó a la Iglesia de Corinto para ayudarle: "Ayudándome, también vosotros con oraciones por nosotros". Esto debía ser parte de su obra. Debían aplicar la mano ayudadora de la oración. El, en un encargo adicional, al cerrar su carta a la Iglesia de los Tesalonicenses les dice acerca de la importancia y necesidad de sus oraciones: "Resta, hermanos, que oréis por nosotros. que la palabra del señor corra y sea glorificada como entre vosotros: y que seamos librados de hombres importunos y malos". El inculca a los Filipenses que todas sus aflicciones y oposición podían subordinarse a la extension del evangelio por la eficiencia de sus oraciones para él. Filemón iba a preparar alojamiento para él; por medio de las oraciones de Filemón Pablo iba a ser su huésped.

La actitud de Pablo sobre esta cuestión ilustra su humildad y su profunda visión interior de fuerzas espirituales que proyectan el evangelio. Más que esto, enseña una lección para todos los tiempos, que si Pablo dependió tanto de las oraciones de los santos de Dios para dar éxito a su ministerio, cuanto más grande debe ser la necesidad de las oraciones de que los santos de Dios sean centralizadas sobre el ministerio de la época actual!

Pablo no sintió que esta urgente suplica por la oración era para rebajar su dignidad, disminuír su influencia, o desestimar su piedad. ¿Qué importa si lo hizo? Que se vaya la dignidad, que se destruya la influencia, que se manche la reputación — el debe tener sus oraciones. Llamado, comisionado, principal entre los apóstoles como lo era. todo su preparativo era imperfecto sin las oraciones de su pueblo. Escribió cartas a todas partes, urgiéndoles a orar por él. ¿Ora Ud. por su predicador? ¿Ora Ud. por él secretamente? Las oraciones públicas son de poco valora menos que sean fundamentadas, en, o seguidas por oración privada. Los que oran, son para el predicador como Aarón y Hur fueron para Moisés. Ellos sostuvieron sus manos en alto y obtuvieron la victoria en la batalla que tan fieramente les rodeaba.

La súplica y propósito de los apóstoles fueron hacer orar a la Iglesia. Ellos no ignoraron la gracia del dador alegre. Ellos no ignoraron el lugar que la actividad, la capacidadad y obras religiosas ocupaban en la vida espiritual; pero ninguna, ni todas éstas, en la estima o urgencia apostólica, podían de ninguna manera compararse a la necesidad e importancia de la oración. Las más sagradas y urgentes súplicas se emplearon, las más fervientes exhortaciones, las más comprensivas y despertadoras palabras fueron empleadas para reforzar la importantísima obligación y necesidad de la oración.

"Oren los hombres en todo lugar" es el cuidado del esfuerzo apostólico y la nota clave del éxito del mismo. Jesucristo se había esforzado para hacer esto en los días de su ministerio personal. De la manera que El fué movido por infinita compasión en los campos maduros del la tierra que perecen por falta de labradores — y haciendo pausa en sus propias oraciones — procuró despertar las estúpidas sensibilidades de sus discípulos hacia el deber de orar según les encargó, "rogad, al Señor de la mies, que envíe obreros a su mies". "Y propúsoles también una parábola sobre que es necesario orar siempre y no desmayar".

## CAPITULO XIX

*Este apresuramiento perpétuo de ocupaciones y visitas me arruinan en alma si nó en cuerpo. ¡Más soledad y más temprano! Yo sospecho que he estado habitualmente concediendo demasiado poco tiempo a los ejercicios religiosos, como devoción privada y meditación religiosa, lectura de la Escritura, etc. Por lo tanto, yo soy flaco, frío y duro. Yo, mejor debía asignar dos horas o una hora y media diariamente. Yo he estado velando hasta horas demasiado avanzadas, y por lo tanto no he tenido sino una media hora apresurada en la mañana para mí mismo. Seguramente la experiencia de todos los buenos hombres confirma la proposición que sin una medida de devoción privada, el alma crecerá pobremente. Pero todo puede hacerse por medio de la oración — estoy listo a decirlo, poderosa oración — y ¿por qué no? Porque ella es poderosa solamente por medio de la benigna ordenación del Dios de amor y verdad. ¡Oh, entonces, orad, orad, orad!.*

*William Wilberforce.*

Nuestras devociones no se miden por el reloj, pero el tiempo está en su esencia. La habilidad para esperar, y detenerse, y presionar, pertenecen esencialmente a nuestra comunión con Dios. En todo lugar se ve que la precipitación es impropia y dañina hasta una medida alarmante en la gran ocupación de comunión con Dios. Devociones cortas son la ruina de la profunda piedad. Quietud, alcance, fortaleza, no son nunca los compañeros de la precipitación. Devociones cortas vacían el vigor espiritual, detienen el progreso espiritual, carcomen los fundamentos espirituales, añublan la raíz y la flor de la vida espirituales. Ellas son el origen prolífico de la apostasía, la segura indicación de una piedad superficial; ellas defraudan, añublan, pudren la simiente y empobrecen el terreno.

Es verdad que las oraciones bíblicas en palabras y en impreso son cortas, pero, los hombres de oración de la Biblia, fueron con Dios a través de muchas horas de lucha, dulces y santas. Ellos ganaron por pocas palabras pero larga espera. Las oraciones de Moisés registradas pueden ser cortas, pero oró a Dios con ayuno y poderoso clamor por cuarenta días y cuarenta noches.

La exposición de la oración de Elías puede condensarse en unos pocos y breves párrafos pero sin duda, Elías, quién "orando oraba", empleó muchas más horas de fiera lucha y elevada comunión con Dios antes que él pudiera, con segura intrepidéz decir a Achab: "No habrá lluvia ni rocío en estos años sino por mi palabra". El sumario verbal de las oraciones de Pablo es corto, pero Pablo "oraba día y noche con grande instancia". El "Padre Nuestro" es un divino epítome para labios infantiles, pero el hombre Jesucristo oró muchas noches enteras antes que su obra fuera hecha; y sus devociones de toda la noche y largamente sostenidas dieron a su obra su pulimento y perfección, y a su carácter la plenitud y gloria de su divinidad.

La obra espiritual es una obra desgastadora, y a los hombres les repugna el hacerla. La oración, la verdadera oración cuesta un gasto de seria atención y de tiempo, lo cual no apetece al ser humano. Pocas personas son hechas de tan fuerte fibra que querrán hacer tan costoso gasto cuando la obra superficial bien puede pasar en el mercado. Podemos habituarnos nosotros mismos a nuestra miserable oración hasta que ella parece bien para nosotros, a lo menos guarda una forma decente y la conciencia reposada — el más mortal de los narcóticos! Podemos descuidar nuestra oración y no realizar el peligro hasta que los fundamentos han desaparecido. Devociones apresuradas hacen una débil, convicciones débiles, piedad sospechosa. Estar poco tiempo con Dios es ser radas hacen una fé débil, convicciones débiles, piedad sospechosa. Estar poco tiempo con Dios es ser pequeño para Dios. Las oraciones cortas hacen el carácter religioso entero, corto, escaso, mezquino, y descuidado.

Se necesita bastante tiempo para el pleno rebosamiento de Dios en el espíritu. Las devociones cortas, cortan el conducto del pleno descendimiento de Dios. Necesitan tiempo en lugares secretos para conseguir la plena revelación de Dios. Tiempo corto y apresurado dañan el cuadro.

Enrique Martyn lamenta que "la falta de lectura devocional privada y cortedad de oraciones por medio del incesante trabajo de hacer sermones han producido mucha extrañeza entre Dios y su alma". El juzgó que había dedicado demasiado tiempo a las ministraciones públicas y demasiado poco a la comunión privada con Dios. El fué impresionado para que apartara tiempo para el ayuno y para que dedicara tiempo a la oración solemne. Como resultado de esto el relata: "Fuí auxiliado esta mañana en orar por dos horas". William Wilberforce, el par de reyes dijo: "Yo debo buscar más tiempo para las devociones privadas. He estado viviendo demasiado en público para mí. La cortedad de las devociones privadas mata el alma por hambre; ella crece pobre y lánguida. He estado velando hasta muy tarde". De un fracaso en el Parlamento, él dice: "Déjeme registrar mi pena y mi vergüenza, y todo, porque probablemente, las devociones privadas han sido acortadas, y así Dios me dejó tropezar". Más soledad y a horas más tempranas fué su remedio.

Más tiempo y a horas más tempranas para la oración actuarían mágicamente en reavivar y vigorizar la vida espiritual decaída de muchos. Más tiempo y a horas más tempranas para la oración se manifestarían en un santo vivir. Una vida santa no sería una cosa tan rara y tan difícil si nuestras devociones no fueran tan cortas y apresuradas. Un temperamento cristiano en su dulce y desapasionada fragancia no sería una herencia tan extraña y desesperada si nuestras permanencias en la cámara secreta fueran alargadas e intensificadas. Vivimos tan mezquinamente porque oramos mediocremente. Abundancia de tiempo para festejarnos en nuestras cámaras secretas, traerán médula y gordura a nuestras vidas. Nuestra habilidad para estar con Dios en nuestra cámara secreta mide nuestra habilidad para estar con Dios fuera de ella. Las visitas apresuradas a la cámara secreta son engañosas, negligentes. No solamente somos engañados por ellas, sino que somos perdedores por ellas en muchas maneras y en muchos ricos legados. La permanencia en la cámara secreta instruye, triunfa. Somos enseñados por ellas, y las más grandes victorias son, a menudo, los resultados de grandes esperas — esperas hasta que las palabras y planes sean agotados, en espera silenciosa y paciente se gana la corona. Jesucristo preguntó con un énfasis provocativo, "y Dios no hará justicia a sus escogidos, que claman a El día y noche?"

Orar es la cosa más grande que podemos hacer y para hacerla bien debe haber quietud, tiempo y deliberación; de otra manera se degrada al nivel de las cosas más pequeñas e insignificantes. La verdadera oración tiene los más grandes resultados para el bien; y la oración pobre, los menos. No podemos hacer demasiado de la oración verdadera; no podemos hacer demasiado poca de la falsa. Debemos, aprender de nuevo el valor de la oración; entrar de nuevo a la escuela de oración. No hay nada que tome más tiempo para aprender. Y si nosotros desearamos aprender el maravilloso arte, no deberíamos dar un fragmento de tiempo aquí y allá — "Una pequeña conversación con Jesús", como los niños, pequeños cantan — sino que debemos demandar y tomar con poder férreo, las mejores horas del día para Dios y la oración, o no habrá oración digna de tal nombre.

Esta, sin embargo, no es una época de oración. Pocos son los hombres que oran. La oración es difamada por el predicador y el sacerdote. En estos días de apresuramiento y afán, de electricidad y vapor, los hombres no quieren tomar tiempo para la oración. Hay predicadores que "dicen oraciones" como una parte de su programa, en ocasiones regulares o importantes pero ¿quién "se conmueve en sí mismo para prevalecer con Dios." ¿Quién ora como oró Jacob — hasta que es coronado como un intercesor prevaleciente, y regio? ¿Quién ora como Elías — hasta que todas las fuerzas detenidas de la naturaleza sean abiertas y una tierra afligida y hambrienta floreciera como el huerto de Dios? ¿Quién ora como oró Jesucristo, quien saliendo al monte "estuvo toda la noche en oración con Dios?". Los apóstoles "se dieron a sí mismos a la oración" — la cosa más difícil de hacer, es hacer que hombres y aún predicadores hagan esto. Laicos hay quienes darán su dinero — algunos de ellos en abundancia — pero ellos no quieren "darse" a la oración sin la cual, su dinero no es sino una maldición. Hay abundancia de predicadores que predicarán y pronunciarán grandes y elocuentes discursos sobre la necesidad de avivamiento y extensión del reino de Dios, pero no hay muchos quienes harán aquello sin la cual toda predicación y organización son peor que vano — orar. No está de moda, es casi un arte perdido, y el más grande benefactor que esta edad podría tener es el hombre quien, a los predicadores y a la Iglesia haga volver a la oración.

## CAPITULO XX

*Yo juzgo que mi oración es más que el diablo mismo; si ella fuera de otra manera, a Lutero le habría sucedido peor mucho antes de esto. Sin embargo, los hombres no ven ni conocen las grandes maravillas o milagros que Dios lleva a cabo en mi beneficio. Si descuidara la oración, por un solo día, perdería una gran parte del fuego de la fé.*

*Martín Lutero.*

Solamente reflejos de la gran importancia de la oración podían adquirir los apóstoles antes de Pentecostés. Pero el Espíritu, viniendo y llenando en Petecostés, elevó la oración a su posición vital y todo dominante en el evangelio de Cristo. El llamado ahora a cada santo para la oración es el clamoroso y exigente llamamiento del Espíritu. La piedad de los santos es hecha, refinada y perfecta por la oración. El evangelio se mueve con paso lento y tímido cuando los santos no están en sus oraciones en la mañana, y en la tarde, y por largo tiempo.

¿Dónde están los líderes cristianos que queden enseñar a los santos modernos cómo orar y ponerlos a la obra? ¿Sabemos que estamos levantando un grupo de santos faltos de oración? ¿Dónde están los líderes apostólicos que pueden poner al pueblo de Dios a orar? Déjelos venir al frente y hacer la obra, y será la más grande obra que pueda hacerse. Un incremento de las facilidades educacionales y un gran incremento de fuerza monetaria será la más cruel blasfemia a la religión si ellos no son santificados por más y mejor oración que la que estamos haciendo.

Más oración no vendrá como una cosa natural. La campaña para el siglo veinte o treinta no fundará su ayuda en nuestra oración sino que la estorbará si no somos cuidadosos. Nada sino un esfuerzo específico de una dirección de oración aprovechará. Los jefes deben guíar en el esfuerzo apostólico para radicar la importancia vital y el hecho de la oración en el corazón y vida de la Iglesia. Nadie sino líderes de oración pueden tener seguidores de oración. Los apóstoles de oración engendrarán santos de oración. Un púlpito de oración, engendrará bancas de penitentes de oración. Tenemos grande necesidad de alguien que pueda impulsar a los santos a darse a esta ocupación de la oración. No somos una generación de santos de oración. Santos faltos de oración son una miserable banda de santos que no tienen ni el ardor, ni la hermosura, ni el poder de los santos. ¿Quién restaurará esta brecha? El más grande de los reformadores y apóstoles será el que reuna la Iglesia para la oración.

Nosotros lo ponemos como nuestro más sobrio juicio que la gran necesidad de la Iglesia en esta y en todas las edades es hombres de tal fé dominante, de tal santidad sin mancha, de tal marcado vigor espiritual y celo consumidor, que sus oraciones, fé, vidas y ministerio serán de tal forma radical y agresivos como para obrar revoluciones espirituales que formarán era en la vida de los individuos y de la Iglesia.

No queremos decir hombres que permiten agitaciones sensacionales por proyectos originales, ni aquellos que atraen por un entretenimiento agradable, sino hombres que pueden agitar las cosas, y obrar revoluciones por la predicación de la Palabra de Dios y el poder del Espíritu Santo; revoluciones que cambian la corriente entera de los hechos.

La habilidad natural y las ventajas educacionales no figuran como factores en este asunto; sino capacidad para la fé, la habilidad para orar, el poder de entera consagración, la habilidad de propia nulidad, una absoluta pérdida del yo personal en la gloria de Dios, y una constante e insaciable búsqueda y aspiración de toda la plenitud de Dios — hombres que pueden prender fuego espiritual en la Iglesia para Dios; no en una manera turbulenta y ostentosa, sino con un intenso y quieto calor que derrite y mueve todas las cosas para Dios.

Dios puede obrar maravillas si puede encontrar el hombre propicio. Los hombres pueden obrar maravillas si ellos pueden encontrar a Dios para que los guíe. La completa dotación del espíritu que torna el mundo de arriba hacia abajo sería eminentemente útil en estos ultimos días. Los hombres que pueden agitar las cosas poderosamente para Dios, cuyas revoluciones espirituales cambian el aspecto entero de las cosas, son de necesidad universal en la Iglesia. Nunca ha estado la Iglesia sin estos hombres; ellos adornan su historia; ellos son los milagros sostenedores de la divinidad de la Iglesia; su ejemplo e historia son una inspiración inagotable, y bendita. Un aumento de su número y poder debería ser el objeto de nuestras oraciones.

Aquello que ha sido hecho en materia espiritual puede hacerse de nuevo y mejor hecho. Esto fué la visión de Cristo. El dijo: "De cierto, de cierto os digo: el que en mí cree, las obras que yo hago él las hará; y mayores que éstas hará; porque yo voy al Padre". El pasado no ha agotado las posibilidades ni las demandas para hacer grandes cosas para Dios.

La Iglesia que es dependiente en su pasado histórico por sus milagros de poder y gracia es una Iglesia caída.

Dios necesita hombres elegidos — hombres de quienes el yo y el mundo ha salido por una severa crucifixión, por una bancarrota que tan totalmente ha arruinado el yo y el mundo que no hay ni esperanza ni deseo de restaurarlos; hombres que por esta insolvencia y crucifixión han vuelto hacia Dios con corazones perfectos.

Oremos ardientemente para que la promesa de Dios para orar pueda ser más que realizada.